写作课

叶开——著

广西师范大学出版社
·桂林·

跨界 + 异质碰撞 = 创造!

目 录

第一讲　自我认识与自由思考

“写作”的核心要义之一，是彰显暧昧不明的事物。写作如同一束光，照到不被看见的事物上。

第一节　什么是写作

我们通常都习惯把写作叫作“作文”。

大家都习惯了，似乎没有什么疑问。

“作文”以应试为目标，有着明显的作文套路，是一种特定的、狭义的写作模式。

“作文”这个表述，把“写作”狭窄化、扁平化了，局限性很大。

在这次写作课上，我们要修正“作文”的说法，定其名为“写作”。

当我们讨论“什么是写作”时，它的定义可以做到简单而明确。

龙应台女士在台湾大学法学院的一次演讲中，用一句德文来描述“写作”——“使不被看见的东西被看见”。

“写作”的核心要义之一，是彰显暧昧不明的事物。写作如同一束光，照到不被看见的事物上。

我们再重复一下，“写作，使不被看见的东西被看见”。

这里的用词需要仔细体会——“不被看见”和“看不见”意思不同。不是你“看不见”，而是“不被你看见”。前者，你是主体；后者，你是客体。这其中有复杂区分：主动的“看不见”，和被动的“不被看见”，有着本质的区别。过去，知识界常常把“文化启蒙”看成救国救民的最重要方式，这里说的“启蒙”，就是“使不被看见的事物被看见”。

人类的肉眼受各种限制。有可见光、不可见光，可见光谱的波长范围会造成肉眼“看见”的局限。我们通常以为眼见为实，所见即所得，但现代科学发展揭示，人类肉眼能看到的范围有限：微观中，肉眼看不见细菌、病毒；宏观中，看不到遥远星系。

未经训练的思维，如同肉眼一样，能抵达的范围非常狭窄——通常来说，“太阳底下无新鲜事”。你看到的，是被允许看到的。你读到的新闻被精心编辑过，你思考的问题被无数先哲思考过。你以为自己在思考，其实你的脑袋只是别人的跑马场。

要做一个看得更多、想得更博、写得更精深的现代人，就要以广泛有效的深阅读来拓展我们的视野，以切实有效的创造性写作来磨砺我们的思维。

在“深阅读”的基础上进行“创造性写作”，是我们这次写作课要表达的核心内容。

什么东西是“不被看见”的呢？就是那些不想让你看见的事物。例如细菌，因为太细微，它们隐藏起来了，你看不见它们，摸不到它们。但是它们确实存在，只是未经训练、没有装备的我们无法看到，更不认识。这就需要打破原有知识的障碍，这种障碍是“知见障”。你学到的已有知识越丰富，累加起来的障碍就越大，而导致你会忽视、看不见那些没有注意到的事物。一个人有泰山一样丰富的知识，这些知识就会像泰山一样挡住你的视线。

智慧的人知道，我们不能局限于过去的知识中，要打破陈规，要换位思考，要翻转视角，学会宽容不同的意见，从不同的立场和视角来看问题。

在哥白尼和伽利略的时代，教会中很多大师知识非常丰富，也非常有智慧，但他们无法接受地球是圆的，认为“地球绕着太阳运行”是歪理邪说，而且对提出这些观点的新一代知识人进行排斥和打击，希望他们屈从旧有的知识，从而阻碍了知识的发展。从知识的角度来看，旧有知识一直包含着对新知识的双重特性：既孕育新知识，又阻碍新知识。

抛开原有的固执，让我们的眼界从二维平面拓展到三维立体，甚至拓展到高维度来思考，你就会拥有更为敏锐的语言，更精微广博的世界。

“不被看见的东西被看见了”，指向的是日常生活中被隐藏起来的那个世界，可以称之为“暗世界”。“暗世界”不是不存在，而是不被看见。但是，在一名目光敏锐的写作者眼中，“暗世界”是存在的，只有迟钝的人看不见。没看见不等于不存在，只是你没有“看”到，没有“感知”到，没有“思考”到而已。比如，人类肉眼可以看到的光只是一小部分，波长大于或小于一定数值的，我们都看不见。那些看不见的光波仍然存在着，科学家用特殊仪器能看见这些光，有些动物也能看见这些光，我们看不见的“微波”确确实实能加热并烹调食品。

我们可以把“暗世界”分为两种：一是“内心世界”，二是“非现实世界”。

每个人都有一个独特的“内心世界”。

很多同学喜欢暗地里写作，不是写作文，而是写网文，历史、穿越、修真、玄幻、奇幻、科幻，各种类型都有。这种写作，可以说是你的“暗世界”。在现实生活中你是乖乖女，在“暗世界”里你是“花千骨”。在现实生活中你是乖乖仔，在“暗世界”里你是一个拳头挥出去，可以打倒无数豪杰的一代天骄二郎大神。每个人都有狂野的内心，但因为各种原因而不能在现实生活中暴露，只能出没在虚构世界里。

这是“暗世界”的一种。

第二种是“非现实世界”。

如何理解“非现实世界”？

比如，在城市宽敞的街道上，阳光普照，游人如织，花草蓬勃，树木繁茂，高楼大厦光鲜，是一个光明的，合情合理的，被我们欣喜地看到、感触得到的真实世界。但在城市的下水道里，还有一个“非现实世界”，老鼠啊、蟑螂啊、忍者神龟啊，那么多我们看不见的生命，都蓬勃地生活在那个幽暗世界里——他们是“非现实世界”里的生命，跟人类似乎不在同一个维度。

如果一只老鼠突然跑到街上，会发生什么情况？有人会尖叫，有人会颤抖，有人会高喊，有人会追逐。一个秩序井然的现实世界，被一只从“非现实世界”冒出来的老鼠彻底搅乱。一只老鼠尚如此，如果是一大群老鼠浩浩荡荡过街呢？

那种场面，想想都觉得恐怖！

电影《忍者神龟》里，基因突变的四位少年忍者神龟幸运地从实验室里逃出来，受到同样基因突变的老鼠的抚养，慢慢长大，直立行走，身手敏捷，好奇好动，拥有人类般思考世界的能力，也喜欢人类的流行文化，并且像人类那样生活——在城市下水道里的某处穴室里。无论这四个“青少年”多么喜欢人类的流行音乐，多么想参加人类的“嘉年华”会，他们都不能真正露面，不能被普通人看见，只能藏身地下，适当时出面拯救世界，做无名英雄。如果他们大摇大摆地出现在城市里，被普通人看见，可能会引发骚乱，导致灾难。普通人可不愿意看到不愿意看到的事情，普通人非常害怕“毁三观”，不能接受任何不熟悉的事与物。所以，以文艺复兴时期的艺术大师们命名的忍者神龟们在拯救了城市之后，仍然只能躲在暗处欣赏自己的事迹，无法公开露面接受人们的欢呼。

与自然界隔离，这可能是人类文明的困境之一。我们的祖先智人离开森林和草原后，建立了一个个独立而且孤独的世界——城堡、小镇、城市。在这个世界里，人类以自己的文明秩序和智慧能力，掌控了由钢筋水泥建构起来的森林，不允许任何“不被允许”的其他动物出现。我们只能接受那些被允许出现的宠物，如猫、狗等出现；猛兽如虎、豹、狼，要被关在动物园里；至于怪兽，则要封锁在“二次元世界”里，绝对不能出现在现实生活中。人类害怕的、样子丑陋的动物，或凶猛的动物，它们的出现通常都会带来巨大的骚乱。

改编自 J.K. 罗琳原著的好莱坞魔幻电影《神奇动物在哪里》，属于《哈利·波特》前传之一。电影里，“神奇动物”只要出现在纽约街头，就会引发巨大的骚乱，带来可怕的灾难——起码魔法部的官员是这么认为的，早期欧洲名噪一时的黑魔法大师格林德沃也借此开始兴风作浪。为了不干扰普通麻瓜们的生活，魔法部严格禁止魔法师把神奇动物带进城里——有些凶猛动物还会被（残忍地）处死。为了拯救这些神奇的动物，魔法师中的魔法动物学家纽特·斯卡曼德只身来到是非之地纽约，陷入了一个奇怪的阴谋之中。

这部片子讨论的是魔法世界里的魔法生物，我们也可以看作是对人类世界的一种微妙的讽刺。在人类世界里，别说模样怪异、战斗力超强的魔法生物了，跑出几只老鼠，爬出几个蟑螂，也会引发群体性尖叫。

一般人不会思考这种问题，但写作者会以独特目光看世界，还会作深入思考，寻找答案。他们充满好奇心，总想知道，这样下去会发生什么事情。

在现实生活中，我们所看到的世界只是一个局部的世界。老师看到课堂，学生看到老师，都是一个局部。这个“局部世界”不是很有趣味，也不是很神奇，人们只是按部就班地入学，上课，考试，毕业。

不过，全世界绝大多数的小朋友都很希望被霍格沃茨魔法学校录取，都喜欢学习变形课、魔药课、黑魔法防御课、飞天扫帚课，还喜欢冒险，一起打“巨怪”。这些都是“非现实世界”，是想象中的世界。

人类的与众不同之处，在于我们有一种愿望，总是想创造出一个更美好更激动人心的虚构世界，而让自己心驰神往。写作让我们能够重温过去、现在与未来，拥有多一倍的生活。

这就是写作的魔法。

我们的写作，常常面临两个主要的维度：时间与空间，从虚构小说来看，人物关系的维度深深地受制于此（包括大部分科幻小说在内）。人类被深深地囚禁在“时间”牢笼里，没有一个人能摆脱“时间”——出生、长大、衰老、死亡，几千年来，被视为是人类必然的命运，直到最近几十年生物学、基因学、人工智能等学科飞速发展，一些先行者、生命科学家对生命、生死和时间的理解，才出现了特殊的观点，例如，“人非必死”。大家有兴趣可以搜索阅读相关的论文和资料。

也有科学家认为，人类可能是被某种更高智慧圈养的动物，而“时间”是他们制造的牢笼。因为无法超越“时空”，人类摆脱不了“地球”这个牢笼，同时也无法摆脱生死循环的大劫。

人类不能达到光速，就无法真正离开太阳系。以现有宇宙探险飞船的速度，连抵达太阳系最外围的“奥尔特云”的圈层，可能都需要好几万年，更何况飞出星系呢？而且，在我们所认识的世界里，这个宇宙还深深地受制于“因果律”，没有人能摆脱，就如同摆脱不了时间。

而根据这种时间法则和因果律，人类的命运是悲剧的。

但是，换位思考吧！换位思考，带来了真正的思维乐趣。

几年前，我读了美国发明家、未来学家雷·库什维尔的一本奇书《奇点临近》，完全被他的惊人论述镇住了。用库什维尔自己的说法，这本书对大多数普通读者来说“吓尿指数”很高。之前，我完全无法换位思考，无法以自己的胡思乱想突破这样一个根本问题：作为碳基生命的人类，如何能驾驶“超慢”的宇宙飞船达到比邻星？且不说更遥远的，在几百光年、几万光年之外的世界了。至于“超光速”飞船，还远远停留在科幻小说中，更不知道什么时候人类能制造出科幻小说中谈到的“超光速引擎”或者“曲率引擎”，或许根本不可能。因此，超长距离的星际旅行，对于人类这种碳基生命来说几乎是不可能的。

科幻小说里，人类可以超光速飞行，可以用曲率引擎，可以穿越虫洞，甚至违反因果律穿越到过去。这些，都是超大的想象，是虚构的世界。以银河系为自己的思考大维度，像美国科幻小说大师阿西莫夫那样，在十万光年以上的大尺度上思考问题，则这个世界庞大到了以整个银河系为中心的程度。在阿西莫夫的浩瀚巨著《银河帝国》系列小说里，位于银河中心位置的帝国首都川陀和位于遥远边疆的基地星，是一个跷跷板的两端，它们之间相距好几万光年之遥，年轻的数学家谢顿到帝国大学深造，需要搭乘超光速飞船跃迁若干次才能到达。小说里还塑造了被隐藏起来的“第二基地”，描写了看起来无比遥远的天狼星区等庞大区域。读者在阅读时，都需要换位思考、纵深性思考——要有效地统治“银河帝国”，必须发明超光速飞行技术。毕竟，交通是人类生活中最重要的方面之一。《银河帝国七部曲》最后，帝国议员搭乘最新式“重力引擎”穿越茫茫银河系，到处探访到处请教，为银河帝国人类寻找早已经成为传说、只有少数几个人才能记起的文明摇篮、位于某个偏僻角落的蓝色星球——地球。

二十世纪五十年代后，英国籍科幻小说大师阿瑟·克拉克长期定居在斯里兰卡，在那里源源不断地创作出科幻巨作。他严格遵守人类不可能超光速飞行的戒律，作品里写到的所有的宇宙飞行都是低于光速的，随着科学技术的不断发展，也只是无限地接近光速。那么，人类怎么办呢？为了跨越巨大的时间鸿沟，只能“冷冻”，到达目的地之后，再解冻。阿瑟·克拉克先生的《与拉玛相会》四部曲，就是这样严谨的星际旅行作品。他设定一个直径达四十公里的超大外星采样飞船从茫茫太空中飞来，穿过太阳系，“诱捕”了人类宇航员之后，又加速飞出太阳系，进入无边的宇宙中，最后飞到了某个高级文明设定的中枢机构——“节点”。在那里，被“诱捕”采集为活体标本的人类宇航员发现，自己的智力尚不及某个水箱里的“章鱼”！

几年前风靡全球的科幻巨片《阿凡达》，运用的就是这种飞行模式——去遥远星球采矿的人类，都需要被冷冻起来，到达阿凡达星之后再解冻。

好在还有科幻小说家和宇宙学家在孜孜不倦地为我们拓展这么大尺度的“星际幻想世界”，不然茫茫太空得是多么无趣啊。

如果不是他们的努力，我们看到的通常只是一个平面的二维世界，只能感知到身处其中的三维世界。至于四维世界，人类的语言还勉强能描述，但如何进入四维世界？这完全不知道怎么做到。科学家描述说宇宙存在高维世界，越是高维的世界其中的智慧生命就越先进。但是我们看不见他们，不知道他们存在。有科学家作了一个生动的比喻：一个生命（一个“二维人”）如果只存在于二维平面上，“命中注定”只能沿着莫比斯环奔跑，从他的视野角度看到的整个世界，就是这个无论如何奔跑都只是一个平面的二维世界。他的目光、他的思想都无法超出这个二维平面，无法看到平面之外的三维世界，更不能理解三维世界。二维平面之外，三维世界存在着我们人类这种更高维度的智慧。假设我们盯着莫比斯环里的那个二维生命细看，就会觉得“二维人”的一生真的很奇怪，很局限，很荒谬，还会产生一点点同情和悲哀——莫比斯环人以为整个世界只是一个平面，他一生都无法理解高于二维平面的生命，他即使“抬起头来”，也看不见正在注视着他的我们。“我们”生活于四维世界，我们知道世界其实是立体的、三维的，加上时间这个维度，就是四维的。

如果有一个存在于高维的生命在某个高维时空注视着我们，看我们徒劳地在“时间”的牢笼里挣扎、奔跑、思考，而永远都无法以高维目光眺望，不能用高维的思考看待世界呢？看着我们，这个高维生命会不会也产生一点点同情和悲哀？

宇宙浩瀚无边，可能还存在更多不为人知的平行宇宙。

一名卓越的作家，观察力会很独特，思维会很敏锐，会以自己的文字表达呈现出这样的一个被隐蔽的现象，或表达出这样一个别人看不到的事实。这就可以称为——“使不被看见的被看见”。

吴宇森导演的电影《太平轮》公映之前，大多数人都不知道有“太平轮”事件。那么惨烈的一个海难，一直不为人知，这个海难就成了历史上的一个“暗世界”。这个“暗世界”被吴宇森表现出来——“使不被看见的被看见”。

人们不知道的事情还有很多，需要吴宇森这样的艺术家用其独特表达，使“暗世界”里的“幽暗之物”被看见。这种创作是有意义的，不仅拓展我们的视野，也让人类世界提升到更好层面。

过去有很多课文让我们形成定见。这种定见，让我们确信某些事情存在的同时，失去了探索未知事物的兴趣，遮挡了我们的目光，让我们看不见别的世界。这样，我们就欠缺换位思考，真的看不见了，渐渐地凝固下来，还会顽固地不愿意看见，最终形成本能排斥：凡是不符合自己原有固定认识的事物，都会不假思索地加以否定——那怎么可能呢？不真实！不科学！等等。

《愚公移山》这篇课文的“中心思想”是坚持。主人公愚公要搬掉两座大山，他明知自己是做不到的，但给子子孙孙布置了一个可怕的作业——要求子孙万代坚持下去，一代代挖土搬山，千年万年百万年，逻辑上一定能把两座大山搬掉。没有错吧？符合逻辑吧？

当我重读这篇课文时，就产生了另一种惊讶：为什么有人会这样看待一座山？愚公的目标制定难道没有问题吗？目标如果出了问题，无论如何努力，都只是白费力气。

很多学者都从正反两面论述过《愚公移山》这篇课文，我们每个人也不妨从自己的角度，来重新分析、思考这个“移山”的问题，到底是要向愚公学习呢，还是批判他的思维模式？

又如“只要功夫深，铁杵磨成针”“头悬梁，锥刺股”“书山有路勤为径，学海无涯苦作舟”这些名言，大家都背得滚瓜烂熟了。听起来很励志，每个人都能脱口而出，但为什么非要把“铁杵”磨成针呢？为什么读书非要这么苦呢？人类是必须苦读呢，还是另有乐读的途径？读你喜欢的书会不会就是幸福愉快的呢？《论语》里子曰：“知之者不如好之者，好之者不如乐之者。”曾跟随思想家王阳明学习的明代思想家王艮，提倡“乐学”，反对“苦学”，并作有一首《乐学歌》：“乐是乐此学，学是学此乐；不乐不是学，不学不是乐。”

这里可以发挥。

之一，“学习是快乐的”，真正的学习会“学而时习之，不亦说乎？”

之二，“学之乐”和“不学之乐”有区别，在这里，“乐”的含义甚至境界是不一样的。很有意思，可以启发思考。

这些问题如果换位思考，我们都会有各种新的心得，这些心得一旦写下来，就会形成一篇很有见解的文章。

以下谈到写作的经验。我们的写作，通常基于三种经验。

一、经验写作

每个人天生都有写作经验。当小孩子喊出妈妈或爸爸时，就开始了他的“写作”，命名谁是爸爸谁是妈妈，给爸爸和妈妈作分类和下定义。

有一套低幼绘本，叫《我爸爸》《我妈妈》。这套书的封面上画了搞笑的爸爸——“这是我爸爸”；画了有趣的妈妈——“这是我妈妈”。

这属于基于个人经验的“写作”。

你眼睛看到的、耳朵听到的、舌头舔到的、双手触摸到的，都进入了记忆中，并通过语言“写作”出来。从这种直接经验推演出来的，我们称为个人经验表达，是自我叙事的“记叙文”。

自我经验叙事的写作，在中小学写作教学中很重要。

很多同学都写过《我的妈妈》《我的爸爸》《我的老师》等命题作文，这些实质上都是“基于个人经验的写作和表达”。但如果没有经过有效的训练，无法分辨个人经验的真实与虚假，基于个人经验的写作也可能出现偏差。如果没有意识到这种可能的偏差，就会出现胡编乱造。

一写到“我的妈妈”，孩子们的妈妈都被残废了。

一写到“我的老师”就是白发苍苍——其实可能还不到三十岁。

一写到“春游”就是春暖花开。

一写到“秋游”就是秋高气爽。

这些是中小学生写作的常见问题，都是因为缺乏“真情实感”，缺乏细节体现，缺乏表达的热情，而导致为作文而作文。学生写得没劲，老师读了无聊。

为什么会这样？基于个人经验的表达为什么会产生偏差？原因之一是，这些作文题目要求的并不是“基于事实”的表达，而是基于要求的表达。

最主要的问题：在作文“套路”中，不要求表达真情实感，而是要写出“正确思想”。

“正确思想”通常是道德化的、意识形态化的。妈妈都是“含辛茹苦”的——实际上，你的妈妈又漂亮又年轻，你们全家又快乐又幸福；老师都是“满脸皱纹、白发苍苍”的——虽然你的老师可能是长发及腰的“萌妹纸”，爱自拍，爱用美图秀秀，爱发朋友圈，是资深驴友、超级吃货。

春天为什么一定要“春暖花开”呢？我们可不可以换一个说法？不用这种笼统的说法，不用这种“陈词滥调”，而改用细节描写：小草发芽了，树上叶子绿了。

好一点了。

再进一步，可以写两三个细节。如：一天早上，我推开窗子，看到墙边的树枝上，发了一颗小芽。干枯的树枝润泽了，有生气了。本以为这是花蕾，后来明白，这是叶芽。叶子在绽开前，就像一个芽苞。寒冷的风，变得温和了。古人说，吹面不寒杨柳风，原来是这个意思。

一个重要的关键点：在写作中，每一个细节都是有价值的。

在细节中，你不必考虑“正确思想”，只需要考虑“准确表达”。

在通常的作文套路中，我们总想套用某个想法，如“母爱是伟大的”“妈妈是艰辛的”。怎么伟大、怎么艰辛呢？在和平年代、富足年代，对于二十一世纪新世代“新孩子”而言真不好写。他们的妈妈，也爱美，也爱笑，喜欢血拼（shopping），常常旅游；有时郁闷，有时不快，偶尔吐槽，或者美图。但是不能写出来啊，这样写可能思想不正确啊。最好是一条腿瘸了，一个眼睛瞎了，或者弯腰驼背，含辛茹苦，一把屎一把尿地把你喂大，这才叫伟大。

这是一种很荒谬的套路，虚情假意，言不由衷，读来非常不舒服，但至今还很流行。

这种被灌输的经验，就是虚假的经验。运用虚假经验来写作，就是虚伪的写作。

我们继续深入讨论：个人经验可以分成“真实经验”和“虚假经验”。

真实经验和虚假经验的构成，来自于社会化经验的强迫，来自于人生经验的自我的异化。因为种种暗示，有时候会把虚假的，误以为是真实的。

以色列历史学家赫拉利教授在他的流行作品《未来简史》里，说到 2002 年诺贝尔经济学奖获得者、美国经济学家丹尼尔·卡尼曼教授做过一个开创性的实验：

请一组志愿受试者参加一项分成三阶段的实验。在“短”阶段的实验中，受试者将一只手放入 14℃的水中 1 分钟，而这种水温会让人不悦甚至痛苦。60 秒后，就请他们把手拿出来。而在“长”阶段的实验中，受试者的手会放入另一个容器中，水温同样是 14℃。但在 60 秒后，会偷偷将热水导进容器，使水温略升为 15℃。有些受试者会先做“短”实验，也有些从“长”实验开始。但不论哪种，都会在两个部分都结束的 7 分钟后，开始第三（也是最重要的）阶段。研究人员告知受试者，他们必须重复前两阶段的其中之一，可以自由选择。足足有 80% 的人选择了“长”实验，在印象中以为这没那么痛苦。

这个实验得出一个结论，人体内至少有两种自我：“体验自我”（experiencing self）及“叙事自我”（narrating self）。“体验自我”是你每时每刻的真实感受，“叙事自我”是一种本能的择优叙事、峰值叙事。人们总是下意识地把相对满意的经验讲述出来，并且以为这是真实的，是基于自我选择的。

一个敏锐的写作者，会注意到这种区别，即便“自传”也可能是虚假的。

一个很好的例子，是观察微信朋友圈。如果足够敏感，你会发现有些朋友总在反复宣扬美食，旅行，快乐，孝敬，诗与远方，通常加上美图。尤其是“美图”，我们都知道，经过P图的照片是虚假的，但是，你的某个朋友就爱这么发自己的照片。她的皮肤本来是疙疙瘩瘩的、松弛的，眼袋是浮肿的，下巴是圆润的，P图之后，变成了“白富美”。

真正打动人的叙事，并不是“P图”，而是能够挖掘并且正视真实状况的文本。

二、虚构写作

虚构写作是写作中的核心，但在中小学主流语文教学中很受排斥。其实，虚构写作在人类文明发展中，是至关重要的，甚至可以说是最重要的能力。

人类天生有“虚构叙事”的本能。

现在谈到虚构写作，更多地是指通过虚构新的人物形象与新的人物关系，创造出一个特殊的文学世界，表达作者自己特殊思考和愿望的文学样式。

小说，是典型的虚构写作，其分类很多，但是最重要的内核就是“虚构”。虚构不是胡编乱造，而是基于作家深刻思考的一种人与生活的再创造。

在万物互联时代，虚构写作可能会是一种特别重要的基本能力。我们以后还会深入地讲如何进行虚构写作。

三、说理写作

长微博文章、微信公众号文章，科普类、社会学类、政治类、哲学类、历史类、八卦类、“心灵泥汤”类，各种文章都是说理写作。

说理写作在应用上非常广泛，无论我们从学校毕业后从事什么工作，都需要运用说理写作的能力。因此，说理写作的训练非常重要。

根据人的成长各个阶段的不同特点，需要有针对性地进行不同的写作训练。

小学阶段，注重经验表达和虚构写作，美食、旅行、幻想，都非常适合小学生的拓展写作训练。

中学阶段，进行说理性写作训练。一些科普类公众号的文章写得很好，是自媒体写作的典型状态。这种写作已经成为信息和观点传播的重要途径。这种写作也要求更多自由，更独特的思考。注重热点的写作表达固然能吸引粉丝，但思考独特的写作会更持久地产生影响。一般来说，四五千字是公众号文章的最佳长度，五千到八千、最长一万字左右，是公众号文章的极限。一篇文章，如果一万字还表达不清楚观点，那么就应修改并裁剪了。

提倡尽量读优质长文章，跟踪某类自己感兴趣的领域，例如“人工智能”或者“基因工程”，又或者“思想史”等，逐步积累，丰厚阅读，慢慢沉淀有价值的思考，形成自己的独特阅读经验，激活自由思考能力，这样，才是有效的写作储备——有效的输入，奠定写作输出的基础。

写作也有更简单的分类：虚构写作（fiction）与非虚构写作（nonfiction）。

基于事实的写作，是非虚构写作。

基于想象与创造的写作，是虚构写作。

第二节　写作是什么

网络上流行过关于“写作业”的段子：“举头望明月，低头写作业”“众里寻他千百度，蓦然回首，那人却在写作业”“洛阳亲友如相问，就说我在写作业”“生当做人杰，死亦写作业”……还有一个非常精彩，叫作“垂死病中惊坐起，今天还没写作业”。

《写作业》这组段子，大概是集体创作的。你们也可以找有趣的古诗词段落，把“写作业”这三个字填进去，会发现突然变得很有意思，令人捧腹——“写作业”这三个字真是万能的催化剂，放到哪首诗里都会变得幽默有趣。

如果你们有心，会在阅读中，在微信微博中，看到很多这样的催化剂，一个字，或一个词，放在各种完全不同的句子里，创造出一个完全特殊的语境。

“写作业”是个典型的交互文本，让熟悉事物陌生化。现在的网络流行语“皮皮虾，我们走”，也是一样的“陌生化”文本，网络写手们不断繁衍、创造出各种“×××，我们走”的语言和图像。

“写作业”的段子往深里分析，就不好笑了，这个段子是“带泪的笑”，是在艺术地、巧妙地反映教育界的严重问题。

这是词语的魔法。

写作，就是词语的魔法。

当两个完全异质的东西放在一起时，就产生了新的物质，像化学里的化合反应。魔法词语组合，对于写作来讲，是一个必练基本功。

好的写作者，总是非常关注“异质”的东西，把它们“同构”在一起。把性质完全相反或者差异性很大的词语组合在一起，就会产生奇特的效果，如同“高速对撞机”的碰撞，新物质就这样诞生了。

“异质同构”是语文老师很熟悉的词，但是你如何切实做到日常训练，并引发学生们的兴趣？我推荐隔三岔五地做一下“拼贴造句练习”，把完全不相关的词语，拼贴到一起，造成新的意义。

通常的造句练习，老师都希望同学们造出符合要求的句子。这是要把思维活跃的孩子，训练得循规蹈矩。学生们不能说奇怪的话、造滑稽的句，那样会被扣分。

比如用“又”字造句，小朋友写道：“我妈妈又矮又胖又高又瘦。”这是不符合认知逻辑的，但小朋友哪里来的这么多逻辑？一个有趣的老师评价说：“你的妈妈是变形金刚吗？”比如用“陆续”造句，有个小朋友这样交作业：“我的爸爸陆陆续续回家了。”老师问：“你的爸爸怎么啦？还分批回家的。”还有一个超有意思的：“我其中的一个左脚受伤了。”老师问：“你是蜈蚣吗？”

这些造句，有些可能是网络写手炮制的，有些可能真是小朋友写的。

小学生思维活跃、跳脱，还没学会太多的“词语禁忌”。他们不知道这个词语禁止跟那个词语连接，不知道什么是符合造句规律或语法。他们想到就写下来了。

不过，初中生都受过多年的阅读和写作训练，在反复的批改和修订之后，那些搞笑的句子全都不存在了。你们写出来的都是符合语法要求的句子。这些句子，无数人包括专家学者都写过了，学姐师兄写过了，男老师女老师写过了，爸爸妈妈写过了，你们再这么写，不过是重复。好的句子，有趣的句子，一定不是重复的，而是创新的，是距离遥远的词语碰撞出来的，如同彗星撞击地球。

新思维需要不同事物、不同物质的碰撞，是真正的“头脑风暴”。

互联网时代，很多人包括教育界，都提倡“创造性写作”。

创造性写作如何进行？首先要“跨界”，要“异质碰撞”，才有创造。

那么，如何回答“写作是什么”这个问题？

一、写作是人生经验的创造性表达

创造性的表达，意味着我们要用“陌生化”词语来表达。

“陌生化”是让熟悉的事物变得陌生。

写作文通常是用熟悉的词语来“遣词造句”，写熟悉的事与物。而创造性写作相反，要用距离遥远的词语来碰撞来形成新的表达——两个陌生的词语，本来是没有什么关系的，但组合在一起忽然就有意义了。

世界上最短的一篇文章是什么，同学们知道吗？

这篇文章叫《生活》，只有一个字：“网”。

这是著名诗人北岛在二十世纪八十年代写的一首诗。

太短，以至于不可能更短。

这首超短诗，无疑有自己的独创性。这首诗到底有没有道理，以后我们还可以继续研究。“网”和“生活”，采用了“共性呈现”的方式，即这两者有一定的共同性——生活中交织着各种人际关系网，人和人之间纷繁复杂的关系犹如蜘蛛网。现在人们已习惯用“网”来表达社会上的人际关系了，如“关系网”。在北岛写出这首诗之前，人们并没有如此具象化地去想象社会，想象人与人之间的关系。这就是诗歌的创造性表达，从“无”中生“有”，普通人就可以拥有这种“有”了。北岛的诗把人们原本只是朦朦胧胧地想到的，但还没有说出来的社会形态，形象化地呈现出来。也可以说，这是“形象思维”。

诗歌是形象思维的重要载体，海子那首名诗《面朝大海，春暖花开》，是很形象的，他用了具象来表达：

从明天起，做一个幸福的人
喂马，劈柴，周游世界
从明天起，关心粮食和蔬菜

海子在这里不再抽象地写“崇高”“美好”，他表达的“憧憬”是物质的，实体的，可触可感的，现实的。不是保卫河山，不是鲜血染红，而是“从明天起，关心粮食和蔬菜”。这里暗含着什么呢？暗含着海子的自我写作人格中，“昨天”是不“关心粮食和蔬菜”的。

其实，我们注意到了没有，在写作文时，几乎没有哪一位同学关心到你每天都要吃的、须臾不可以离开的“粮食”和“蔬菜”。我们通常都写到“崇高”“幸福”“快乐”“做好事”，可是，我们就是不关心“粮食和蔬菜”——只有你们的妈妈关心，她每天都要去买菜，做饭，百般劝你多吃蔬菜，身体健康。

我分析过一篇诗歌，南京诗人乌青写的《天上的白云真白啊》。三年前，很多人为这首诗吵翻了天。原诗如下：

天上的白云真白啊
真的，很白很白
非常白
非常非常十分白
极其白
贼白

简直白死了

啊——

很多人被这首诗激怒了，认为这不叫诗，是口水话。

最后还用了一个中学语文课本里常常出现的抒情句段：“啊——”真是让人受不了，白云白啊白的，那么白，极其白，贼白，实在太白话了，但又有些隐约的特别意思在里面，起码似曾相识。我们在自己的日常生活中，是不是也常常读到很多类似的无意义抒情呢?

很多人对诗有一种固定的认识，例如要具有抒情性，要有美，还要和谐，要符合伦理道德，等等。但是，这首诗既不美又不和谐，却偏偏采用“抒情”方式来表达。在正常的理解中，抒情、赞美要面对美好的事物，例如鲜花等。但是，你面对牛粪就不能、也不应该赞美。或许白云应该被赞美，但是不应该被人用这种不美的词赞美。“贼白”什么的，实在是让很多人感到不舒服。而且，翻来覆去，说的是什么?是“白”。白云的白，有什么好说的?通常来说，人们说白云，都会比喻，比喻成棉花，或者棉花糖。可是，乌青不比喻，他简单粗暴，很像某些广告。也可以说，他运用了广告语体那种方式来写诗，很无理。他破坏了人们对诗的原有认知，让人非常不习惯，非常不舒服。

《天上的白云真白啊》叫不叫诗，大家还可以继续争论。在这里，我不会给出一个标准答案，希望大家在互动过程中，提出自己的观点，提升自己的认知。

我个人认为这是一首诗。但，是不是好诗，或者说，引起众怒的诗能不能存在?诗人这样粗暴地切入表达，有没有道理?这些都可以再深入地讨论。

二、碎片化时代的写作

在碎片化阅读时代，我们每天打开微信微博，都会读到无数碎片化知识，获得海量的碎片化经验——每天发生太多的事情了！但是，昨天发生了什么事？前天发生了什么事？三天前发生了什么事？如果我问大家，可能都想不起来了。上周一发生了什么事？得上网搜索才知道。

为什么你会忘记？是因为人脑有一种过滤和沉淀的机制，会定期把那些无用的信息删除，保留有用的信息。这可能是先民在生存竞争中进化出来的特殊能力。人们无须处理遇到的所有信息，只需处理紧急的、重要的信息。这样，那些不重要的信息，就被删除了。不然，三磅重（约 1.36 千克）的人脑，就要发热而过载了。

这些信息很快就会被忘记，是因为对你的人生没有价值。有价值的信息，人们就会记住它，甚至会反复地回忆它——以自己的脑袋硬记，或者写在本子上，记在网络记事本上，如果是热爱写作的人，还会写成散文、小说、诗歌。

有些重大的事件，我们会记住它。

我记住了人工智能 AlphaGo 战胜李世石这件事，是因为它对人类很重要，可能是人工智能进化的关键节点。恰好，我又看了很多人工智能相关的书，很关心这个问题。这个信息对我来说，就变得很重要了。而又因为我在课堂上把它重新表达了，我的记忆会进一步加深。两者组合在一起，现在开始，就构成了我人生中的一段特殊经验。如果我把它写下来，会在写作过程中整理各种信息，增加或者删除，而记得更加清楚。这样反复三次以上的记忆练习，让我一个月过去了还能记住这件事情，但更多的细节我可能会逐步忘记。但如果我把这件事情作为一个研究和思考对象，写成一篇文章呢？它就变成了一个长记忆。

写作本身是一种复杂的表达，是人们对社会的一次再认识。你要先收集资料，判断哪些是有效的资料，哪些是无效的资料，然后进行筛选，哪些可以进入文章，哪些忍痛舍去。一般来说，写文章是表达自己的观点，材料是一种辅助的论证手段。不能有效地提升论证说服力的材料都可以删掉，从而使得你的文章更加紧凑，更有逻辑，说服力更强。

今天我要布置作业，请你们写一篇 AlphaGo 战胜李世石的文章。

这种文章怎么写？你们先要去找资料，不仅要搜新闻，最好读几篇专家写的文章、人工智能相关领域的访谈，阅读并消化相关的知识。比如，AlphaGo 是怎么出来的？五个月前它战胜了什么人？它为什么能战胜这么多围棋高手？是新算法的胜利吗？我读到的文章说，AlphaGo 不以海量知识作为预存条件，而是像人类棋手那样，从无到有，一边学一边提高——它每跟围棋高手下一盘棋，都会提高自己的围棋能力。这可能是人工智能领域的一个划时代事件。围绕着这件事，人们写了大量的文章。有些文章知识含量高，有些纯粹是胡扯。在阅读不同文章时，我们还要学会判断这些文章的价值，文章中提到的资料能不能采用，然后形成自己的观点。现成的各种观点，都可以用来进行分析和表达。例如，人工智能飞速发展，会不会危害人类？人工智能将如何改变人类社会？人工智能是否是人类的升级，而非人类的终结？等等。这样，我们的知识就丰富了，我们如同虹吸管一样在吸取知识，而且是围绕着写作而构成的活性的知识。

听说有个天才少年制造了一辆自动驾驶汽车，其学习方式与AlphaGo很相似。他去拜访电动汽车公司特斯拉总裁艾隆·马斯克。艾隆·马斯克见他之后也很欣赏他，说你到我们公司来工作吧。但天才少年面对亿万富豪的邀请却不为所动。他回答说，特斯拉公司对于自动驾驶的思考方式太low了。他告别艾隆·马斯克，回家自己买了一辆车，把车拆了，装上六个传感器、八个摄像头，编写了自动驾驶程序。这个程序跟AlphaGo的思路是一样的，不断学习，不断升级。刚开始激活时，它像一个婴儿，几乎什么技能也不会。随着驾驶里程不断增加、各种相关资料不断载入，它持续学习积累，数据越来越丰富。积累了相当数量的驾驶时间，把不同驾驶者的驾驶经验录入、分析、判断，自动驾驶软件不间断地提升和完善，最终，一个有高度自主驾驶能力的人工智能可能会诞生在这辆手工制造的自动驾驶汽车上。设想一下，假如这位天才少年把他的自动驾驶软件放到网上联机，每位登录的驾驶员都可以把自己的驾驶记录上传，这个驾驶软件就会积累海量资料，而构成自己的判断和选择。从Google百万小时测试自动驾驶汽车到特斯拉汽车不断升级自动驾驶系统，电脑的判断和选择能力，已经证实远超人类驾驶员了。自动汽车上路，不是一个遥远的不着边际的事情，而可能是最近几年内就会出现的“新事物”。

生活在这个年代，新事物会越来越多，出现得越来越快。

这是互联网时代对科技、对人类自我提升的新认知方式。

过去我们很难想象这样一个方式。

以前，一部百科全书的修订，可能要持续五年十年。很多专家闭关，不断地修订、不断地印刷，花费大量的人力物力，才能修订成一部权威的辞典。而现在网络上的维基百科，已实现随时随地在线修订。一旦完善其修订方式，知识更新每时每刻每秒都会出现。这样，传统的那种印制装订得厚厚的、封闭性的大辞典，就被现在网络上开放式的、一刻不停地在长大的大辞典所代替。而且，因为互联网是基于分享和合作机制，可以调用全世界几乎所有人（志愿者、专家）的热情来反复修改，反复提升，反复验证，而使得原本人们担心“不可靠”的维基百科，成为与《大英百科全书》一样可靠的在线智能辞典。这种可靠度，得到过人们组织的专家的检验证实。

在 AlphaGo 和自动驾驶软件之后，人工智能有了自动学习的能力，这是人工智能最重要的突破之一。

要写一篇关于人工智能战胜李世石的文章，我们就要在网络上收集各种资料，再把这些资料整合在一起，但是最后形成文章的，不会是材料的堆砌，而是再认识过程。形成再认识、再表达之后，我们就会变成一个好的写作者。

第三节 自动写作训练

这节课进行过程中，我们要完成一个互动训练，用三分钟时间来进行“自动写作”。

现在我们随便找一个词，比如“树叶”或者“AlphaGo”。

拿到这个词后，给你们三分钟，以“树叶”或者“AlphaGo”这个词开头，拿起笔来，开始往下写，不能停顿，不能思考，不能判断，一直不断地写，想到什么就写什么，写得越连贯越好。待会儿结束，字数最多的同学，我给你发红包。

同学们要释放自己，打开自己，不要被各种规矩约束，可以想到什么就写什么。

接近于理想的表达，都是自由表达，但是没有一个人能做到真正的自由表达。因为所有表达都被规定了——被语法规定，被认识规定，被哲学观、意识形态等种种规则框定了。这就是今天谈到的，在自由写作和自由表达之前的各种规则。

有写作经验的老师会发现，有一些词，当我们仔细琢磨时，会发现它很无聊。我讨厌“从某种程度上”这个写法，但写论文时总一不小心就写上去了。你可以说：“从某种程度上讲，pig 是一头猪。”这样的句子有意义吗？没有。但即使讨厌它，我写作时还是会下意识地写出来。如米饭里的一粒砂子，让你难受。我在修改文章时，一定会把“从某种程度上”删掉。

你们会发现，思维一旦不受控制，就会像水一样流动。当我们把所有词都打捞上来，就可以称之为“意识流”。

今天为什么要做这样的训练？

在座同学都是初三学生，有三四年时间，你们几乎每周都写作文，有些同学每周写好几篇，手都写残了。这才是对真正写作能力的一种摧毁。我们要理解一个观念：自由的心灵才能真正写作，自在的词语运用才能有鲜活表达。

大家来自不同的学校，有不同的教育背景，但是大部分语文老师都会让你抄写好词好句，慢慢地你的思维会被这些词语控制。一旦被好词好句控制，你就变成了叔本华说的，让别人在你的脑袋里跑马——你的脑袋只是一个跑马场。你以为你是在写作，不，是写作在写你。你以为你在运用词语，不，是词语在运用你。

在专业写作领域，我们会研究一些词语。专业写作者大多遵守一个规则，就是尽量少用成语。大家可以去查查鲁迅、沈从文、李劼人、萧红的作品，里面很少用成语。为什么呢？成语所传达出来的经验，都被固定化了，随意使用的话，很难有精准的表达。

但是，我们还可以在新层面上使用它。

我在《新民晚报》有一个专栏“流行词手册”，其中一篇叫《节奏》。

“节奏”是音乐的有规律的重复，但人们说“这是什么节奏”时，是为了吐槽，词义已发生变化了。同学们都知道很多流行词，“神展开”啦，“献上我的膝盖”啦，之前我还写过一个流行词叫“空耳”，你们可能也常玩“空耳”吧？

当人们无法运用旧词汇表现新生事物以及新生经验时，就需要创造新词汇——革命话语也是这么创造出来的。研究二十世纪二三十年代的中国社会，你会发现那时新词汇也非常多。革命、无产阶级、同志这些词，都是新创造的。“同志”这个词，曹操的诗里就有，但跟二十世纪二三十年代的词义不完全一样。

词语具有自我更新能力，也有重新创造的功能。很多流行词语如“雷人”“吐槽”“毁三观”等纷纷诞生，是因为当今的社会事件太复杂，用旧词语已不足以表达。而且你会发现，在有些情况下，不用这些“新词”还真不知道该怎样准确表达。

词语具有相当高的黏性，比 502 胶水黏度还要高。前面有什么词，后面跟着会出来什么词，我们下意识就能想到。“也就是说”“从某种程度上”“众所周知”这些词的黏度就非常高。

一个自由的、对词语敏感的写作者，一定要努力避免落入这样一种自动延展的逻辑和秩序之中。我有一个朋友，十多年前发明了一个说法，将这种现象称为“乘上了语言的滑槽”——就如同人在滑槽上方，不用动脑不用思考就直接滑到底了。现在的很多文章就是这么写出来的，一看开头就知道接下来会讲什么。

同学们，刚才我们进行了一节课的训练、交流，其实并没有进入到真正的写作，因为我们需要一个相互认识、相互释放的过程。接下来我们才进入真正的写作课程。

好，请大家拿出纸和笔，以“树叶”这个词开头，思维不停顿地连续写下去，待会儿我请大家来读一下自己的“创作”，这会是很有意思的。

第四节　写什么

刚才我们说了什么是写作、写作是什么，现在我们讲写什么的问题。写作到底写什么，你们有没有想过这样的问题？

大家来到新学校，老师的教学方法、思维模式，跟你们小学时代的老师不尽相同。有些老师思维特别好、特别活跃、特别灵动，可能就会布置新的写作任务，或者启发新的经验。

从小学三年级起，我们开始系统地学习写作，字数从少到多。是不是主要都是命题写作？春游、秋游、学雷锋，这些都是大家熟悉的命题。我曾经和很多专业作家做过交流，我认为进入自动化写作的可怕之处在于，所有文字都是下意识地自动进入语言的滑槽。秋天写领导讲话，就是“金秋十月、丹桂飘香，来自五湖四海的朋友欢聚一堂”，春天是“春暖花开”，夏天是“麦浪滚滚”，这些都是自动化的写作，只有长期的训练才能摆脱语言的困扰。一个有经验的写作者，最重要的开始是自由的心灵、自由的表达，而摆脱对语言的纠缠，则需要一定时间段的训练。

一、写经历

学生从小学进入初中，从校门到校门，大家都没有太多的经历。所以，在考虑写什么的时候，经历是非常重要的来源。

二、写经验

一次我坐飞机，航班延误很久，我写了三首诗，叫《转机一》《转机二》《转机三》。人生有各种转机，有转机中的转机——似乎得出了某种有意思的启示。

三、表达独特感受

中国才子佳人小说是一种独特的文体。才子和佳人在一起，是山也挡不住的，必须在一起，无论发生了什么苦难，无论多么千难万险，最终都要走在一起。中国人发明了一个词，叫缘分。“才子佳人”都会有一个重要的结构：分离和重聚。分离和重聚是通过什么产生的？通过偶然性。才子和佳人认识后，通常会出现一个坏蛋。独特感受是怎么出来的呢？才子佳人不能太顺啊，必须出现波折啊，就需要出现坏蛋。一个坏蛋不够，就出现两个，两个不够，就出现一个黑帮。

故事就是这样诞生的。

才子佳人是一种套式。好莱坞也有套式，比如英雄救美，或美国梦。最近有一部动画片上映，叫《疯狂动物城》，里面有个非常搞笑的查车牌号的树懒，说话非常慢，慢得要把人急死了。当时我就觉得这个经验棒极了。有一次我去办车牌，几个办牌的工作人员就跟树懒似的，懒政。动画片里的树懒可爱，但现实中假设你去办一件事碰到这种办事人员那得憋死。树懒很懒，这放在政府工作人员的位置上，就会产生独特的效果。

四、写下第一句话

我经常碰到一些业余的写作者，比如一些退休干部、外公外婆爷爷奶奶，忽然产生要写作的念头。我有一个朋友就是如此，想把年轻时的经历写下来，但一直没有动笔，后来我问他，为什么没写。他说，我没想好。

没想好，这是写作上的最大阻碍。

写作不一定都需要想得好好的，你只要灵光闪现，突然有感觉，就可以写。起码，先写下来，写一个开头。从写作角度来看，要少写微博，少发朋友圈，多写博客或者长文章。微博和朋友圈，写完后没有什么价值，但写博客或长文章，是有价值的，一千字或几千字的博客、长文章，会形成一个积淀，会让你养成写文章的习惯。

写作，就是写下第一句话。

刚才提到的那位写作者，我跟他说赶紧写，可是到现在一年过去了，还没有写出来。我跟他说，写作，最简单不过了，你就从这一句开始写："五十年前，我从九江回到上海，在船舱的底下过了三天三夜。"这句话可能不够好，但你可以先把这句话写下来，然后顺藤摸瓜，一路写下去，下个周末我来检查你的作业。下个周末他来了，我问他写了没有？他说，我还没写。

所以，一个人之所以没有成为作家，是因为他没有及时写下开头；之所以没有写出一部作品，是他没有写下去。专业作家是什么？就是每天写几百字、一千多字的人，可能写二十部长篇小说，只有一部是流传下去的，或者一部也没有。但是，写作本身就是有意义的。

写作，就是坚持。有时候我们会觉得很遗憾，因为即使坚持下去了，也不一定能成为一个好作家。但写作并不是为了成为好作家，而是为了完善自己。每个人都可以通过写作来实现自我完善、自我提升，而成为一个超越自我的人。写作对每个人都特别重要，我有一位朋友万校长，他原本是一名数学老师，后来写了一本畅销书，再后来成了年轻的校长。我赞美他"不会写作的数学老师不是好校长"。将来，我们的学生中，会有计算机专家、神经内科专家、人工智能专家、宇航员，在你们这一代会实现登陆火星这个人类最伟大的梦想之一。无论哪一个行业，哪一个领域，都需要通过写作来提升自我、完善自我。

达尔文写《物种起源》，法布尔写《昆虫记》，都是杰出的写作。读法布尔的作品，我们才知道昆虫的世界也是极其丰富、极其有趣的，那也是一个生命绚丽的世界。

写作是“使不被看见的被看见”，这就是写作最独特的意义。

五、再思考、修改

修改是写作中重要的步骤之一，有时候甚至是决定性的。修改会导致两种可能：一是提升，二是转换。我每天都在修改文章，把那些我讨厌的字从我的文章里删除，但这是修改中很小的一个部分。还有一种修改是调整你的思路。我写《节奏》的时候，先写了在机场的事情，后来我发现逻辑不对，于是我又调整了一下，先解释这句话的来源。每天、每时、每刻，我们都会面临这样的修改。

第一，修剪你的词和句，这是基本的调整。

第二，调整你的思路和表达的顺序。调整了思路，你表达的顺序会更有说服力。先说什么，后说什么，这是非常重要的。

第三，全部废掉重新开始。今天辛辛苦苦写了三千字，第二天早上起来发现毫无价值。也许有价值，但是你自己会觉得非常沮丧。你会反省，我写的是什么呀？这是什么东西？简直是一钱不值。好多作家是这样的，一钱不值的也留着，等待将来什么时候会突然发芽，然后拿出来再修改。比较糟糕的、业余的态度是撕掉、毁灭证据，从此不存在。

当我们编织毛衣的时候，每一环、每一扣都是有用的。有织毛衣经验的人会发现，一根线织着织着会用完，一旦和其他毛线相接的时候，就会有线头。有人发现线头，会用打火机去烧。而巧手的人会把它钩进去，最后当毛衣完工的时候，线头都在里面，是看不见的。

织毛衣和写作是相通的，一针一针地织，一字一字地写。

写虚构小说，最怕的是发现前面写的都错了，路走错了。本来，“花千骨”应该是这样的，但是你把“花千骨”写成了“花百骨”，千和百差远了，怎么办？可能真的需要划掉，重新再写。文学史上有个特别悲惨的“案例”，就是俄罗斯文学大师列夫·托尔斯泰，他写《复活》，一共写了四稿。你们要知道，那是手写时代，每一稿几十万字。

六、阅读——思考——表达

在经历和经验不多的情况下，怎么办？每个人的经历、经验都是有限的。在座的人没有去过南极或者北极，如果有，最多一两个，但可以肯定我们都没有去过月球。我们怎么知道月球的相关知识呢？

我曾经读过一本有意思的书，叫《谁建造了月球》，是《纽约时报》一名记者和一位科学家合写的。谁建造了月球？按照科学家的观点，月球出现在地球轨道上，出现在太阳系这个位置，它的重量和体积都不符合情理，反正月球就是一个不合情理地出现在地球边上的、讨厌的巨大的伴侣。这个现象令人着迷，不过，大多数人都是不甚深究，就这么想想而已。但有人却一直不断地“胡思乱想”，从历史、地理和天文各方面寻找答案，最终写出了《谁建造了月球》这样一本有意思的书。

阅读可以拓展各方面的知识。

昆虫的知识，《昆虫记》里有。月球的知识，NASA 有大量的发现和报道。最近 NASA 在研究金星，发现金星是一颗太有意思的星球：白天 800℃，晚上－400℃，是个内心无比沸腾又无比冷酷的星球。

这些知识，我们不可能一手获得。所以，阅读是拓展我们人生经验的重要途径。对于我们这代人来说，阅读是首要的经验来源。那么阅读什么？如何消化知识？是不是阅读得越多越好？人类积累到现在大概五千年左右的文明史，从地球的尺度来看，“曾不能以一瞬”。但是，这么短暂的几千年间，人类积累了太多的知识，而且越来越多，越来越快。

而作为个人，生也有涯而知也无涯，我们能摄取的知识范围是有限的。哪些知识才能激活你内在的经验？哪些对你来说是无用的？这些，需要我们继续去思考。

作业：

以唐传奇《昆仑奴》为材料，写一篇玄幻或魔幻小说。注意可以把原文中的人物加以改造，颠倒，反转，让次要人物变成主要人物，重新思考人物关系，把“强关系”和“弱关系”进行转换。充分发挥你们的想象力。

要点：给你的小说起一个好题目，给你虚构的人物起一个好名字，注意写出人物与人物之间的特殊关系。

字数：2500 字。

第二讲　语言与生活的诗意

写作有两种激活方式：一是自我重新认识，二是批判性深阅读。这是写作输入的两种方式。大量的有效的深阅读，是输入而让我们有“货”——不是所有的“货”都是个人能生产出来的。

中国古代有个秀才，一天他跟他的太太发生了争执：到底是生孩子难，还是写文章难。太太说，生孩子难，十月怀胎、一朝分娩，非常辛苦。秀才说，还是写文章难，生孩子你至少肚里还有货，肚里没货怎么写啊？

每个人肚里都有货，有香的，有臭的，有好的，有坏的。从写作角度来讲，哪些是我们的货，自己到底有没有货，需要我们去思考。

写作课的目标不是培养职业作家，而是提升写作能力。无论从事什么职业，写作能力都是非常重要的。

现在越来越多的学生在读国际课程 IB 或 A-level，今后申请国外的大学，要写申请书，这时，写作能力就发挥了举足轻重的作用。找机构代写或请机构润色另当别论，那是要另外花大价钱的。如果自己有足够的写作能力，在写申请书时体现出诚恳、渊博、优雅、可信、动人的品质，更容易打动招生官。

我听过很多国外名校招生官来华做的讲座，他们都比较看重一个人的自我激发潜力和自我表达能力。

假设你向哈佛大学提交申请，但肚里“没货”，想来想去只憋出三句话：哈佛是好大学；我是好学生；你好我好大家好。你们觉得哈佛会招你吗？碰到一个发疯的招生官才有可能。

写作有两种激活方式：一是自我重新认识，二是批判性深阅读。这是写作输入的两种方式。大量的有效的深阅读，是输入而让我们有“货”——不是所有的“货”都是个人能生产出来的。

人类文明发展至今历时很短，但即便短短五千年文明，人类仍然积累了海量的知识。这些知识，以文字书写、印刷、传播、存储等方式，一代代人继承下来。继承的方式是学习和激活，再学习，再创造。人类知识的增殖通过再创造实现，这是优于其他哺乳动物的关键能力。

在人类文明传播与发展过程中，阅读起着至关重要的作用。

人的生命很短暂，不可能亲历一切事情，不可能每个人都要像神农氏那样尝百草。人类之所以有超越其他灵长类的辉煌文明，是因为人类有文字记载，有文明的传递，有知识的不断丰富，一代代人可以通过学习缩短自我探索的过程，加速文明的增殖。而这些都是通过有效的表达和写作而传递下来的。

写作的重要性在于：文明的传递依靠写作。

同学们都是二十一世纪的学生，伴随着互联网而诞生，你们将会遇到一个前所未有的人类世界，并参与定义和重塑这个新世界。今后肯定有人会成为科学家、艺术家、文学家，你们这么聪明，机遇这么好，一定会成为新一代的领军人物。

叶开老师不是赠送你《如来神掌》的秘籍，而是说明这样一个道理：知识需要表达出来，需要写下来。如，青年大师爱因斯坦需要把他对光（速）的思考表达出来，写成论文，提出“相对论”。

如果你一句话不写，你“述而不作”，自言自语自己玩，百年高寿后带着一肚子知识飞仙了，那么，这部分知识（可能非常重要）在你这里就断掉了。在你这里断掉一部分知识并不一定会导致人类就此毁灭，但意味着前人、今人，你的老师、朋友为你而整合成的卓越知识，到你这里化为了泡影，浪费了巨大的自然资源和文明资源。我们说，一个人从出生到长大，要耗费一长列火车的食品，更何况还要消耗各种化石能源和人力资源呢。所以，你们每一个人的知识，每一个人的思考，都是最宝贵的，都要通过提高自己的写作能力，提升自己的人生境界而表达出来，为文明传递做出自己的贡献。

一流的科学大师、文学大师、艺术大师，最终都会对他的观点、他的人生有一个总结。

写作，是人类最宝贵的能力，并由此形成最宝贵的文明财富。

第一节　写作的内容

上节课，我和大家一起做了“自动写作”训练。听反馈，大家都觉得挺有意思，还想继续“自动写作”。

为什么要做“自动写作”训练呢？“自动写作”的一个基本目标，是释放压在我们脑袋上的种种陈规陋习，打破成长过程中强行套在我们身上的桎梏。这种对活性生命的“封印”，使得本来天真活泼好动、喜欢胡思乱想的小孩子，经过若干年的“这不许那不准”的教育之后，就变成了一个缺乏信心，不知道写作有什么意义，什么也不敢想，什么也不敢做的初中生了——可以说，孙悟空就是这样一个初中生，脑袋套着紧箍咒，天天被迫做作业，稍有一点不遵守课堂纪律，就被唐僧老师念紧箍咒，而痛苦得头痛欲裂，死去活来。

一个学生学习到最后，唯一懂得的是：这个不能写，那个不能写。

我希望在“自动写作”的时候，你们能打破“不能写”的限制，打破这个紧箍咒。

一、你经历的一切成为写作内容

上次我们请了两位同学读自己乱写的片段，有位女同学到某个句段，脑袋卡壳了，“一、二、三、四……”一共数出了二十只蚂蚁。有句俗话“竹筒倒豆子”，筒里没豆子怎么倒？只能倒空气了。

写作的内容，可能是人生经历的再述。你经历的一切，都会成为你写作的内容。

这个很重要。很多大作家，在他们开始写作时，就是“自传式写作”。

俄国大作家列夫·托尔斯泰的《童年·少年·青年》三部曲，开头第一章“教师”，第二章“妈妈”，第三章“爸爸”，第四章“苦行僧”，这就是他自我记忆的再现。

法国大作家马塞尔·普鲁斯特的《追忆似水年华》，共七卷，就是他自己所经历的世界的再现。我特别喜欢那个开头，真是很有魔性：

在很长一段时间里，我都是早早就躺下了。有时候，蜡烛才吹灭，我的眼皮儿随即合上，都来不及咕哝一句：“我要睡着了。”半小时之后，我才想到应该睡觉；这一想，我反倒清醒过来。我打算把自以为还捏在手里的书放好，吹灭灯火。……我不知道那时几点钟了；我听到火车鸣笛的声音，忽远忽近，就像林中鸟儿的啭鸣，标明距离的远近。

我读过很多遍。很简单，但是有魔性的开头——有远有近，有明有暗，有动有静，有虚有实。

我是中国的乡村孩子小时候生活很贫穷，我点着煤油灯度过小学岁月。我还没有书可读，但是，我的经验都被普鲁斯特的叙事带动了，产生了经验共鸣——我与普鲁斯特的共鸣点在“火车鸣笛的声音，忽远忽近”。

我小时候生活在一个极小的圩镇里，只有十几户人家，极其荒僻，但在铁路中途站边，深更半夜，可能会有一趟火车快速经过，穿过梦的两端。你还来不及好好回想，还捉摸不到那种具体感，整个世界又沉寂下来，完全没有了声响。

也不是一点声音都没有，偶尔会有青蛙在遥远的水田那边，叫几声，让夜晚显得更加寂静。

我的人生经验被《追忆似水年华》激活，产生了回响，我一直在反复回忆自己少年时代的火车，声响，形态，飞驰，梦中，这成为写作中源源不断的源泉之一。

这就是好的经验叙事，你的一切人生经历，都有成为写作材料的潜质，你只是没有信心而已。

等会儿我们还会有训练，但这次是有限定范围的写作训练。你们可以胡思乱想，但要在十分钟之内完成，不能越过限定，而且要有文章的格式。不过，用不着考虑一个特别牛的开头，不用设计一个特别棒的结尾，也不用绞尽脑汁想出多么丰富的情节。毕竟只是一个训练。

我给大家一个标准的开头，两个字，每个人都从这两个字开始写："树懒"。

我们先看一个关于"树懒"的视频，花十分钟。要强调的是，第二次训练跟第一次有所不同，上次可以一只蚂蚁、两只蚂蚁，就一直这样写下去，但这次不行。这次训练，不能超出树懒的内容，树懒写成河马是不行的，但是可以比喻成河马。

（现场播放《疯狂动物城》视频片段）

现在，从第一个词"树懒"开始写起，如"树懒趴在一张办公桌，两眼睁得大大的……"只是一个举例，你们不要用我这个开头，也不要被我误导。

（十分钟训练时间到）

刚才我突然想起来我也该写一下，与"民"同乐，于是我就写了。大家先听一下我写的，希望等会儿你们再读读自己的。

树懒等在那里很久了，他一直在思考着，什么时候狐狸尼克能带一个好玩的人过来再玩一把慢生活。你没有看错，这里是闪电 Flash 先生开办的一家现代心理诊所，推崇慢生活，要让所有的动物们重新思考动物一生的意义。第一个病人就是狐狸尼克。好吧，Flash 先生原来是树懒家族的快枪手，他在动物城里曾是顶尖的警察。他驾驶汽车的技术出神入化，“闪电”之号不是浪得虚名，直到有一次在动物城中心缉捕罪犯犀牛的时候，汽车闯入了一个大集市。从兔子警察身上，树懒依稀看到了当年的自己。那时候，他走入汽车管理中心也是这样匆匆忙忙，而车牌号只不过是一个心理治疗的手段。

这是我写的，看句式和表达习惯还是比较传统，没办法。同学们脑洞会很大，会有其他的写法。

哪位同学可以读一下？

吴宇琛同学：

他不适合太缓慢的生活。面对兔子警察的急切，他并没有太大的反应。在自然界中树懒缓慢而悠闲却面临灭绝，证明他们并没有太多的价值。要不是拥有太多的营养价值和观赏价值，他们早已经灭绝了。我在想我会是这样的人吗？大概不会吧。太慢的生活并不是所有人都适合的，这样的生活方式固然有其优点和可取之处，但很明显其优点中不包含观察世界这一项。随着人口的逐渐增多，慢节奏生活已经快要面临淘汰，不，应该是大幅度减少。快节奏生活一定会需要极多的慢节奏生活，两者之间是相辅相成的关系。关于树懒这种动物会不会淘汰，我相信会的。有研究证明，动物会，植物则相反……

这篇文章很完整，已经探讨到了人类生活的快与慢，还有动物保护等等。可见吴宇琛同学的思维是比较缜密的，不像我这么形象思维。

金典同学：

树懒几乎被人们以行动缓慢的印象而认识，而事实也基本如此。这个物种大部分时间在树上生活，以某一种特殊的树叶为食。显而易见，树叶并不能提供更好的能量，因而树懒便尽可能减少他们的生命活动，包括新陈代谢、心跳等，当然也包括行动速度。他们一生中大部分时间都悬在树干上，在睡眠中度过，除了进食。他们也不喝水，所有水分来源于树叶。像《疯狂动物城》中那样使用树懒作为雇员这是不可能的，如果你要树懒工作一整天甚至仅仅是坐着，他也会很快过劳死。虽然我并没有看过这部电影，仅仅是因为它上映之后果壳网上不停地有人在问兔子和狐狸能不能在一起这种愚蠢的问题……

这位同学知识这么丰富，对树懒的习性有很好的了解。特别有意思的一点是，同学们都受过议论文和记叙文的很好训练。同学们有没有脱离对树懒本身的认识，而把它设定为虚构人物来进行写作的？

牟子月同学：

树懒是一种行动缓慢的动物。《疯狂动物城》这部电影中，给我留下最深刻印象的动物就是树懒闪电（Flash）。无论是他拿起或者放下物品的动作，还是尼克给他讲笑话时的笑声，都能戳中大家的笑点。树懒还会讲笑话给他的同类听，这种行为在我们日常生活中也十分常见。网友说《疯狂动物城》的编剧把动物城变成为一个小社会，树懒就很好地扮演了自己在动物城里的角色，很多行为就是拟人化。影片结束时，兔子警官和狐狸尼克看到有人驾车超速，谁知打开车门竟发现原来是树懒，狐狸说没想到你开车开得这么快，动作却又这么慢。

我在想也许是因为树懒开车时被洪荒之力附身了吧。树懒的名字叫作闪电，这就暗示着他做事会风驰电掣……

这个角度也很有意思。我看过一个解释，说树懒开车这么快，是因为他把油门踩下去以后,再去踩刹车会比较慢,所以他开车开得飞快。

我们这个训练，主要是发散式的，不管是谈他的动物本能，还是从他反映出自己对社会的观察。树懒，勾起了我的伤心事。两三年前，我去办车牌，在一个车管所，我就看到了一堆“树懒”。其实，办个车牌很方便。我已经拍好了牌照，购置税也交了，按我的想法，就应该是像兔子所说的那样，你帮我把车牌钉上就可以了。事实并不是这样，当我到了那里，我就陷入了一连串极其缓慢的动作中。这是我作为一个成年人，在机构里碰到的某一个特别有意思的个人经验，有共鸣。现在有很多人把“Flash 先生”做成了头像，做成了 DJ 版的各种各样的音乐。

今天我们在看树懒这个设定的时候，这个非常缓慢的镜头里面，有三个非常重要的人物：一个是兔子警官，一个是狐狸尼克，一个是树懒。三个人物有三种截然不同的性格，在这样的一个场面里构成了一个铁三角的关系。这是我们今后在讲到人物设定的时候，非常重要的一点。

大家在做第一个作业的时候,也就是《昆仑奴》的延展性的写作时，有不少同学在人物定位上还可以改进。比方有个同学他的设定特别棒，他设定磨勒是魔界之主，红绡是日月之神，他们是正邪不两立的两大教主，可是他们相爱了。这个创意很棒，但是这个设定有很多缺陷没有被考虑到。当我们在做人物设定的时候，要考虑今后的命运走向合不合理。

比方说，红绡，也就是日月之神，后来她死掉了。日月之神是管什么的？她死掉的话，日月会不会失去天体运行的秩序？或者说有没有助手代为维护天界和平呢？诸如此类的问题，我们是需要考虑周全以后再进行设定的。如果没有留好后手，日月之神死后，魔界和仙界双方之间的力量就不均衡了。不均衡以后，如何处理今后的延展性的命运，这就非常重要。

我还看到有一位同学把崔生改名叫作张三，是个律师。我看了这篇文章之后，觉得故事设定得非常棒，但是名字取得不讲究。如果我们进行虚构类写作，取名字就要斟酌再斟酌。名字的气质确定了作品的走向。如果你讲张三，读者立刻就会想到张三李四，就会破坏对人物的原有设定，所以起名字要有一定的讲究。哪怕叫作“张生”呢？

今天给定的素材是不需要你们取名字的，要求大家自由地写。刚才我们三位同学，都是理科生特质比较明显。今天我们不管文科还是理科，做训练主要是为了发展一些思考的延展性。

二、阅读构成表达

我们刚才讲过，你人生中经历的一切，都可以成为写作的内容。

你的阅读，就构成了你的表达。

刚才的三位同学知识都很丰富，这就构成了输出。如果你们将来想做生物学家、心理学家或者化学家，可以顺着你们的知识继续深入地摸下去，延展性地做深阅读，把相关的书、相关的材料都找来阅读。这样，你可能会相较于你的同学形成自己独一无二的知识体系。这个知识需要你大大地深挖。比方说，动物学方面，你需要知道相应的知识及其相关的变化，甚至可能涉及生物工程，多方面慢慢地积累你的知识，形成你独特的知识结构。

这个独特的知识结构，是你今后写文章的更重要的支撑。

吴宇琛同学已经有了自己的逻辑结构，对于人生的态度已经形成体系，这样很好。

第二节　二度阐发

一、个人经验上升

个人经验上升到社会经验，上升到世界性经验，这就是一个升华。

刚才我们讲到快生活、慢生活，这是新时代的新认识。

你们是年轻的一代，才十几岁，你们可能无法忍受所谓的慢生活。也有可能，你早上起床的时候，你妈妈又会无法忍受你起床这么慢。

快和慢，就这样构成了人生的两个端点。这两端之间，不知道谁平衡得最好，可能是一直在调整。意识到哪个东西更适合你，你就向哪一方倾斜——这也是你思考的出发点，从写作上来讲，这种感受很重要，认真思考，是你的灵感之源，是你取得人生与学习平衡感的一个关键点。这涉及你的修炼，你人生的修为。这不是我能讲出来的，而是在座的同学今后在读书、工作、思考、研究中得来的。

有的同学就适合快生活，喜欢奔跑在路上，追公交、追地铁、追女生；当然也有一些同学可能会很慢。我自己的性格比较怪异，不紧不慢，有时候忽紧忽慢——比如今天，早上八点半起来，泡红茶，烤面包，涂奶酪，慢悠悠地，然后赶来上课，到学校时已经是十二点了。

树懒们的生活一般来说可能更慢，慢得如同静止，我们做不到的，那只是一种艺术态度。你的工作节奏、思考、人生态度，都根植于天性和社会磨炼，每一个人都不一样。

有些工作狂的人生是被设定的。

据说，惠而浦的总裁兼 CEO 惠特曼每天早上五点十五分起床，雷打不动，然后健身、吃早餐，到了六点十五分处理邮件，每天一刻不停地按照这个完整的时刻表运转。

这是一个大公司的顶层管理者的日常生活，一天工作十六到十八个小时，极快的节奏。

我做不到，感谢上天，我不是CEO。

所以，节奏的快与慢，有很多很多的学问。

二、对资料的再认识

上写作课不是空对空的，不是从空气中抓了一个氧气分子，然后开始胡思乱想。很多人对写作有误解，以为写作就是胡思乱想。这个世界上胡思乱想的人太多了，但是想过就想过了，没有形成写作，那就是毫无价值的胡思乱想。

之前我给了大家很多资料。上次是《昆仑奴》，今天给大家放了《疯狂动物城》。我们的生活中，无时无刻不在面对着资料，发生着自己的思考。

对这些材料，每个人的认识都是不同的，我们寻求的是个性化表达。

也就是说，我们每个人天生不同，就算是每天吃饭睡觉都在一起跟双胞胎似的，但是一旦开始写作，哪怕是同一个题目，每个人（包括双胞胎）的写作，都是不同的。

其实你们想一想，这不正是写作最独特的地方吗？

只有写作，才能更有效地体现你的不同，你的个性。

在上这门课之前，同学们受过的训练可能有很大一部分是共性化的表达。

老师教我们什么样的作文能得高分，怎么样开头，怎么样结尾，有“套路”，“套路很深”。

今天我们暂时打破自己原有的认识，寻求差异化的表达。

我们现在要学会这样思考：面对同一个材料，根据你的人生经验、阅读经验，根据你们的背景，重新思考，形成你自己新的认识。

这是写作的开始。

比如我们读一本书，写一篇书评。大家去过豆瓣、知乎，常常会看到各种书评影评，这就是面对同一个材料，写出不同的感受。

三、资料的整合

如果不是写课堂作文，而是要求你写一篇论文，这就涉及资料整合的关键能力。

资料整合的能力非常重要，不然会涉嫌抄袭。抄袭是学术界的大忌。

资料整合包括两个方面：

一是同类知识的大量获取。

比方说，我请大家写 AlphaGo 战胜了韩国顶级棋手这件事情，很多同学找了不少资料，从头到尾读下来，会发现很多资料只是背景知识，无法用到你的写作中。你的写作是一种“筛选”、过滤，大部分都被过滤掉了，剩下的可能是“金子”，被你找到，用在你的论文里，形成你的核心观点。

比如，现在基本的观点分成两派：1. 人工智能可能伤害人类；2. 人工智能仍在人类控制中。

如果有同学以前瞻性的角度来写，会觉得仅仅以 AlphaGo 战胜了人类顶级棋手这个事件来看问题，还不够，因为那是“过去”时。人工智能的发展速度是加倍的，甚至可能是“指数级”的，不能用固定的速度思维来看这个问题。人类可能三十万年来变化不大，脑容量没增大多少，在文明的进步上其实是依靠团体协作，依靠“虚构”能力，而战胜了其他对手。但是，人工智能所倚靠的生存根基跟人类不一样，硅基和碳基的基础也完全不一样。你看，电脑内存、硬盘的存储容量，CPU 的计算速度，都是翻倍增长的。那个著名的、每隔两年左右 CPU 速度就会翻番的“摩尔定律”，现在还有效。但是，人类已经开始寻求新的突破，如计算能力远超现在这种电脑的量子计算机，已经在 IBM 等大公司中秘密设计，加拿大一家公司甚至号称可以进行商业运用了，一百多万美金一台的量子计算机，已经有了好几个客户，其中包括美国著名的橡树岭实验室。

你们看，一个小小的问题，任何一个类似的问题，都会牵扯出很多很多的内容。这就是人类知识的累积方式，它需要我们找到一根线的线头，把这些资料连起来。如何连成一个整体？就如同用手工棒针编织毛衣，一根线不断，然后编织成一件衣服。每个不同的人编织的毛衣是不同的，正如我们写出的文章不同。

资料要被充分阅读、思考、消化，然后成为自己写作前的“营养”。宁可少写些文章，而要在一篇文章的写作过程中多看资料，多思考，反复思考，尽量完善这篇文章。但是，有的同学是找了资料直接粘贴的，这可能叫“粘贴写作法”，对我这样的资深老师来说，一看就知道，语言感觉不对。这样的写作态度非常不好，一定不要“粘贴”，尤其不要连“超链接”都在上面，这样做太低级了，不仅浪费你的精力，也浪费你的脑浆，同时，也给老师一种很不好的印象。

二是消化融合。

这就要求对资料要充分掌握。比如，有些同学只看了两三篇报道就开始写作。一看文章，就是消化得不好，看得出是别人的知识。还有同学写到深思公司（DeepMind）被收购等，已经进一步了，但还没有完全消化，还没有形成自己的思考。

我要求大家把这样的资料再整合、再思考，要想到人工智能对人类社会产生的巨大影响，甚至可能是颠覆性的改变。比如，我讲到的当代科学技术的“指数级”增长的问题，人工智能不是按照我们思维惯性想的那样，慢慢运行，可以用简单的数学计算得出它的进步时间和速度。不是的，人工智能的升级是加速度，是惊人的加速。从1997年IBM公司的大型计算机“深蓝”战胜国际象棋高手卡斯帕罗夫之后，计算机的硬件提升速度达到了从前难以想象的程度。现在一个手机的运算速度，都可能超过了“深蓝”，而我们普通的手提电脑的运算速度，已经远超“深蓝”了。

IBM 公司一直努力开发的人工智能“沃森”，如今已经形成了一个相对来说的“超级智慧”了。它对资料的识读和分析能力远超人类，现在把“沃森”运用在医疗上，它几秒钟释读各种相关病症的能力，超过人类医生好几年，甚至十几年。这将会是人类医疗史上第一个巨大的飞跃。有专家认为，随着“沃森”这样的人工智能的不断完善，今后十年内，律师、股票分析师、医生等，将成为最早面临失业危险的群体。

这些内容，还可以继续思考下去。

写作，就是思考。

第三节　经典再现

同学们有没有看过《神探夏洛克》？我们一起来看看很多人都喜欢的“卷福”吧。

（播放《神探夏洛克：可恶的新娘》片段）

这是2016年公映的影片，叫《可恶的新娘》。

为什么要看这个片段？我想表达的意思是：“经典再现”是影视创作的一个重要手段。很多新的影片都是从过去几十年前甚至几百年前的经典作品中改编而成的。

但是，改编的影片，不再是原来那个经典了。

我们也看过大热的魔幻电影《捉妖记》，看过热门的动画影片《西游记之大圣归来》。

中国传统“四大”经典名著中，《西游记》最近二十几年特别热，各种影视改编版本很多，远远超过“四大名著”中的其他三部。为什么会这样呢？一种可能是，《西游记》里所蕴含的那些非现实的、超乎人类经验的经验，跟我们今天的魔幻现实对照，人们发现这两者之间有更多可以彼此激发的因素。《西游记》以其可开挖潜力，可能会得到越来越多的艺术家的青睐，所以，从《大话西游》到《西游降魔篇》到《西游伏妖篇》，周星驰深深地进入了《西游记》的世界，从中，也获益甚多。不过，《西游伏妖篇》我觉得不太好，恶搞过头了，似乎差了一点点拿捏。2017年，又有一部新电影《悟空传》。

我们看的是《神探夏洛克》电影版的宣传片，它的电视系列剧已经拍到第四季。《神探夏洛克》改编自英国著名侦探小说家柯南·道尔先生的名作《福尔摩斯探案集》，是这个经典故事的再现，“贝克街221B”的现代版。

在现代版里，“卷福”重新演绎了一个极其特别的高智商私家侦探。

不知道大家有没有看过黑白的老版本，或者小罗伯特·唐尼演的《大福》——就是《大侦探福尔摩斯》？

“卷福”这位新的、脸很长的演员，把我们对“夏洛克”的认知强化了。比如他的敏捷动作，他对一些案件的判断，他的急剧语速，他分析问题的疯狂思路，配合着电影剪辑的速度，显得与众不同。强化到什么程度呢？就像《疯狂动物城》里的兔子一样，让电影节奏大大地加快了。

另一个得到特别强化的特质，是夏洛克疯狂地鄙视低IQ的人群。他大概只留半只眼看华生，两只眼看他有点别扭，觉得不值得。好在新版的、从阿富汗战场回来的华生不像原著那么笨，而是改成了“双煞”风格，他也是很敏捷、很机智的，还爱在博客上写文章，不断地谈到自己和夏洛克，追随的读者很多——扮演华生的这位演员叫马丁·弗瑞曼，在英国也是非常有名，演过《霍比特人》的比尔博·巴金斯等。

“经典的再现”是当下文化中的一个非常特殊的现象。有些重要的经典，会反复地被拍。

我们也可以拿金庸先生的武侠名作《射雕英雄传》《神雕侠侣》《笑傲江湖》《天龙八部》等举例。

金庸先生的重要作品，可能都被改编过三次以上。

我看了2013版的《笑傲江湖》之后，曾经到上海电视台做过一次嘉宾访谈。有一位专门研究金庸先生的老师在谈话中表达了很大的愤怒。他说，金庸先生的作品怎么能改成这样呢？完全不能接受。

我可能比较“先进”一点，觉得还能接受。令狐冲和东方不败关系暧昧有什么不能接受？尤其是霍建华和陈乔恩这对台湾演员的搭配，让我觉得，令狐冲和东方不败完全可以“在一起，在一起”的。

但是这部电视连续剧改编后，有些人物关系处理得不太好。

霍建华版令狐冲跟陈乔恩版东方不败相爱之后，连续剧的后续情节并没有留好“后路”，以致于等到袁姗姗版任盈盈出场，很多观众看了感到很生气——编导不知道把“任盈盈”放在哪里才合适了，她本来是正角，改编后反而变成了一个怪异的“第三者”。

这恰恰就是因为编剧、导演的重新设定不够合理，导致了袁姗姗版任盈盈的出场方式很尴尬。前面令狐冲与东方不败已经爱得死去活来了，任盈盈变成了第三者插足，这不是很怪异吗？

这个问题就大了。

因此，在改编原著时，一定要照顾好重要角色的分量分配。人物的分量一定要分配好，才不会导致失重。《神探夏洛克》中，华生和夏洛克两者之间的力量再分配，就做得非常巧妙。夏洛克在第一季里差点被出租车司机杀掉，百步穿杨的华生隔了两幢房、两层窗户，准确地把司机处理了。这是处理新华生的一个关键细节。

下面我们谈谈改编名著时需要注意的事项。

一、人物重新设定

改编并不是那么简单的一件事。当我们把东方不败变成了台湾的漂亮女生陈乔恩，大家都很喜欢，那么其他人怎么摆布？有没有考虑好？所以我觉得这是一个改编得不太完美的版本。

《神探夏洛克》风靡全球，除了因为本尼迪克特·康伯巴奇这位演员长得比较特别以外，他本身演得也非常精彩。而且，整个故事重新分配了人物之间的重量比之后，福尔摩斯和华生这两个人物角色变得特别有意思。华生这个角色也被重新分配了任务，他所做的事情配得上华生这个角色定位，例如在紧要关头反而起到了决定性作用，因此他配得上夏洛克这个好伙伴。一旦配不上，节奏就不对了。

现在的电影和电视的剪片节奏，每小时是350—400个镜头，过去只有100多个，速度是完全不同的。刚才播放的《神探夏洛克》花絮里，光是在他工作室这一个地方，很难看到超过一分钟机位不动的镜头。

我们中国的很多电影还是一个长镜头，机位始终不动，很呆滞。当然，电视和电影不一样。电视镜头就是来回正反打，你来一句，我来一句，尽量灌水，不断拖沓。

有个电视剧叫《女医明妃传》，很像韩剧《大长今》，服装也在模仿韩剧。感觉原创上，我们还需要努力，有很大的提升空间。

有一种说法叫作，所有的历史都是当代史，是在今天再次认识历史，了解事件、人物、生产关系。文学也是如此，所有的经典作品，都是当代的再认识。

二、细节再挖掘

如果你热爱“四大名著”，只要你有心埋伏在网络里，就会发现有无数的红学家、业余侦探都在不断地发表自己的新见解。假设你喜欢《西游记》，你会发现论坛里关于《西游记》的话题不计其数，恨不得孙悟空身上有几根毫毛都有人研究。至于把大禹治水和孙悟空和七仙女和葫芦娃全都串联在一起，也是有的。

今天我们读经典，不要拘泥于原有的视角，可以用新的视角来重新思考。新的视角包括原著里没有写到的，如孙悟空在《西游记》里没有谈过恋爱，没有过女朋友，《大话西游》里就给他找了女朋友，而且是蓝洁瑛、莫文蔚和朱茵三大美女扮演的妖精和仙子。然后，故事就复杂了。你们懂的。

曾有一位记者采访我谈《西游记》的改编，六小龄童先生批判现有的改编，认为有些是胡编乱造，毁坏了原有的经典。这点我有不同的看法，经典就是用来再认识的。我不认为《大话西游》对《西游记》的再认识，就比六小龄童先生演的电视连续剧《西游记》浅，甚至，我认为《大话西游》的这个认识可能更高明。

对此大家可以各持己见，恰恰是不同的认识，使经典更加丰富化、活性化。

第四节　语言的再创造

现在的专业写作和普通写作中，很少有人再强调语言的重要性。其实，语言是至关重要的，从写作的角度上讲是首要的。

我听过很多老师讲课中，会疯狂去发掘课文背后的内容，发现社会的、哲学的、人生的意义。短短一千多字的一篇散文，恨不得挖到作家祖宗八代上去。这是典型的过度阐释，把原文并没有的东西硬塞进去。

有哲学家说过，意义止于语言。语言背后的很多东西可能是你附加的。有一些再思考是很好，但一些意义可能完全是你强加上去的。

我们阅读的时候太喜欢挖背后的东西，就失去了很多乐趣。有时候我们看《笑傲江湖》《天龙八部》或《倚天屠龙记》，看着玩玩就可以了，看得感动，流下几滴俗泪。这样很好，有些东西不需要挖掘得特别深，适可而止。当然，你作为一个研究者，还可以进一步挖掘，那是另外一个问题。

什么叫止于语言和语言的再创造？这对我们今天的表达特别重要。

在上节课我讲到，我很讨厌不假思索地运用成语、俗语。语言的再创造，就是要运用特别能够表达我们思考内容的词语，来再现认识。

我们接下来要做一个简单的语言训练。

三个人一组：一个同学说时间地点，类似状语的用途；一个同学想人物；另外一个想一个动词。

现在就开始。随便想，想得越怪越好。

学生们的现场组合结果：

1. 一个月黑风高的晚上，CC 在湖面上赏月。

2. 万校长在喝西北风。

3. 2098 年，美国圣地亚哥，姆尼的妻子闭着眼。

4. 狂风暴雨的晚上，骑着红色长虹的女神因为动力系统耗尽即将陷落在千丈冰渊。

5. 去年夏天在动物园镇洗脚。

6. 今天早上在平和食堂跳着广场舞。

同学们还没有充分自由，还没有真正放开地投入。以上六条中，还没有发现超有意思的句子，不过大家都觉得好玩了，这是因为语言信息不对称造成的差异效果。

为什么要这样做呢？是因为我一开始就强调，不同的词语之间会形成特殊的张力。距离越大，张力也就越大。前面是很庞大的科幻史诗，后面有可能就是下了蛋这样的荒诞小事。

一位校长曾转给我一首小朋友的诗。他问我，小朋友诗歌写得怎么样。我说一般般。校长追问，你的一般般是不是就表示还行啊。我顺着他的话往下说，还行，还行。

那么，诗歌是什么？诗歌，是语言的再创造，要把属性上距离最远的词语加以组合。诗歌可以让你成为一切事物：一条河、一朵花、一条鱼、一只大象。

这有个很文艺的专业名词叫“异质同构”。

今天的很多诗歌，在我看来不是合格的诗歌，因为太符合逻辑了。前一句跟后一句，是连着的，谁都能想出来应该这么连着。那就不是独特的诗歌了，诗歌是一般人想不到它会这样连在一起的。

在我们的课本中，除了高中有小部分诗歌是合格的以外，其他都是不合格的，都是符合逻辑经验的陈述。这并不是真正的诗歌，真正的诗歌，创作者的经验不那么符合大众逻辑，这才有冲击力。

上周我们讲过北岛的诗《生活》，内容是一个字：网。

诗歌的语言，要强调是两个性质完全不同的词语加以组合。“生活”和“网”，在属性上，隔着很远的距离。今天，如果老师命题要求大家写天上的白云，你说像狗，像天鹅，像犀牛，像树林，这种比喻都很熟悉，还是距离很近的两个词——形状类比——还不能构成一流诗歌的特质。

诗歌的语言需要在属性上距离很远——举例说，悲痛是抽象的，失望是抽象的，石头是具体的，刀子是具体的，悲痛像一块石头，失望像刀子。是不是有点“异质同构”了？不过，讲究的诗人不喜欢用“像”这个字，再调整一下，加上另外一句话，可以这么写：

悲痛这块石头／撞碎了他的前半生

失望这把刀子／把天空裁成一团乱麻

调整以后，词语彼此之间的契合度好多了，也有意境多了。

当然这还不是最好的诗，只是我随意想出来的。而且，我也不是一流的诗人，能写到这个程度不错啦。

这只是举例，当我们真正进入诗歌创作时，会更加关注那些跟我们的切身生活、我们的社会、我们的时代和我们的内心相关的事情。

有人会说，白云像棉花糖，这也是性质太近的延展，因为棉花糖形状像白云，比较容易类比。

假设我们说，白云像一块石头，坚硬地悬在天上。这就靠近我刚才所说的距离很远的概念。

通常来说，语文教材总是鼓励写作中的拟人化，但这不是好的做法。

刚才同学们造出来的句子，有几组很棒。比如科幻组，叙事极宏大，让人想到了日本科幻小说《银河英雄传说》，很有书中的气势和规模，但后面结尾收得有点可笑，于是产生了巨大的落差。

语言与语言之间的遥远距离，以及因此产生的落差，就构成了真正的诗歌语言。

一名有心的写作者，对语言是很敏感的。

我建议大家注意以下两点。

一、诗语与情语

诗，并非日常生活节奏的再现。

我们要说：诗的语言不能符合生活。生活中很少有人用诗的语言来讲话。

不过，日常生活中如果有人这样对话，也是很有意思的。

你说："同学呜呼，其言也善，能否递给我那个青春哀怨之包子？"

同学可能递给你包子，同时会翻你一个白眼。

我曾经写过一首诗，叫《白眼》：

一个前滚翻，
一个后空翻，
女孩翻了一个
洁白的白眼。

我自己写得还挺得意的。

前滚翻、后空翻是体操或高台跳水的专业术语，原本和白眼没关系；但硬放在一起，发现产生了新意。不过，这都算是小技巧。诗写到大，需要更多的修炼、更大的胸怀和更宽的眼界。

诗的语言，它带出来的，是非生活的节奏。

我希望大家尤其要注意到这一点，诗是非日常生活之节奏。

我见过很多语文老师、学生，他们对现代诗不太读得懂。他们不明白现代诗的魅力，很随意地断言说，把一篇散文分成行，排列起来就成了诗。

真正的诗是无法复原为一篇散文的，凑在一起读不通顺。如果凑在一起逻辑合理，很通顺，那就不是我们说的真正的诗。

因为我们中小学缺乏真正的诗歌教育，大部分人对现代诗歌了解得很少而体会不到诗歌的独特语言魅力。

诗的语言不是日常生活的节奏。

散文语言却可以与日常生活对应。

散文的语言尽量要和日常生活相对应。如果不对应，会形成非常糟糕的落差。

今天的课主要讲到语言，要求我们对语言有新认识。

语言的训练，除了刚才的游戏外，还有很多玩法，它既是日常的高级消遣，同时也能让人体会到语言运用上的细微不同。

同学们可能会说一些流行词，如“这是什么节奏”“献上我的膝盖”“没想到你是这样的××”“你的良心不会痛吗？”“惊喜不惊喜？意外不意外？”等等，大家都喜欢。为什么呢？新的语言是为了更好地表达我们对这个世界的新认识。

大家玩过“空耳”吗？就是完全不懂某种语言，只是根据那种语言的音调，自己配上了一段文字。这样就形成很多搞笑的，但也许意味深长的新词语。

韩国电影《我的野蛮女友》主题歌*I believe*就被空耳成了“阿婆你”；韩剧《大长今》主题曲则被空耳成“武大郎挨猪打”；著名动画片《游戏人生》主题曲中有句“We are maverick”，被空耳成“鱼，好大的鱼，虎纹鲨鱼”。不同语言的发音相似，内涵完全不同，造成了奇特的效果。在同一种语言中，也可以“空耳”。如歌手张敬轩的《樱花树下》有句“乘电车跨过大海”被空耳成“成碟青瓜过大海”。

哈哈，什么嘛。

确实很有意思。

二、日常语言的敏感

对日常生活词语的敏感，也是写作非常重要的要素。

刚才我跟同学们介绍这间特别的教室的窗，你们“哇”地叫起来说这是黑科技。我开玩笑说，这明明是白科技嘛。哈哈，就是一个日常生活词语的调换，没什么特别的意思，但是有一点点意思。

“黑科技”，这也是我们现在常用的词，而在二十年前，这个词是不存在的。

所以，我们在阅读和写作中，都要注意到一点：语言是动态的，不是静态的。语言是一条河，不是一块石头。社会不断发展变化，语言也不断发展变化。我们现在看到网络上出现了大量的流行词，并不是因为人们喜欢胡乱捏造，而是因为原有的词汇无法有效表达新世界新问题，而随之出现语言的不断创新。

历史上，每次到了社会急剧变化的时代，流行词都不断爆发。

因此，我们要留心语言的变化。不是说，凡是流行的词，都要随之跟进，而是要关心社会语言的变化中，哪些是可能沉淀下来而成为“常用词”的。例如，“宅男”这个词，本是来自日本的一个新表达，现在我们一看就能知道是什么意思，它成了某种状态和性质的有效归纳。这样的词，就已经慢慢地变成“常用词”了。

作业：

今天我们着重讲了 AlphaGo 和人工智能的内容，也谈到了人工智能今后对人类可能产生的巨大影响。请以此为题，写一篇文章，论述你对“人工智能与人类未来”的看法。

要点：注意这几个环节——寻找资料，整合资料，得出观点，然后以三个以上的论据来证明你的观点，最后作出总结。给你的文章起一个好题目。

字数：2000 字。

第三讲　修改与提升

“强关系”和“弱关系”是构成人物关系的最重要线索之一。

第一节　厘清人物关系

今天这堂课，我们主要来谈谈如何修改文章的问题。

首先，来讲评一下第一节课的作业，改写唐传奇《昆仑奴》。

我们先列出《昆仑奴》里面的六个主要人物：崔生、磨勒、红绡、“一品”、孟海犬、崔父。

同学们最喜欢哪个人物？喜欢孟海犬的举个手，哦，竟然有三个。你们真的不是故意的吗？

喜欢崔父的呢？没有？连孟海犬都有人喜欢，却没有人喜欢崔父。为什么？可见人不如狗啊。但是有同学的改编作品里写到了崔父，他变成了一个法官，把儿子送去哈佛大学读完法律回来当律师。

有喜欢“一品”的吗？我知道有一位同学写到他，而且是作为主要人物。

《昆仑奴》这部唐传奇里写到的“一品”，可能是郭子仪。这个郭子仪是谁呢？他是唐朝平定“安史之乱”过程中功居首位的大臣。早年他在获罪被流放的路上，很偶然地被路过的大诗人李白看见了，他慧眼识英雄，觉得在一众囚犯中，郭子仪气度不凡，于是找了主事的官员说情，出手相救，郭子仪得以逃脱牢狱之灾。后来，郭子仪平定“安史之乱”立下了汗马功劳，屡获升迁，位居极品。

郭子仪不是一个蛮夫，而是深谙老庄学说的高人。在过去的朝代，一位大臣位居极品，达到了功高震主的地步，他的生命就会有危险了。郭子仪怎么办？他一旦得到高官厚禄，立即上书要求解甲归田。皇上自然是假意挽留了。郭子仪呢，坚决辞去军中职衔，回到大帅府“装傻”，每天声色犬马，吃喝玩乐——天天在家看美女跳舞、吃各国美食，做个超级大吃货。皇上派过去的探子一看，这人没啥志向啊，天天都在家里玩，于是皇上就对他放心了。

《诗经》说：“战战兢兢，如临深渊，如履薄冰”，这也是郭子仪的智慧。从中也可以看到，在过去朝代，做官真不容易，做人也不容易，因此才有了这种高级的“保命哲学”。

清代末年，湖南籍的大臣曾国藩训练乡兵，经过艰苦作战，屡败屡战，最终击溃了太平天国，挽腐败清廷之于既倒，也真是千古名臣，上可以比肩王阳明、郭子仪、诸葛亮等前贤。然而，也正因为如此的功绩，以及所拥有的巨大权力，他也遭到了清廷的忌惮。据说，向慈禧太后写他的告状信者无数。慈禧太后也是擅长权术，什么也没有说，等到曾国藩平定太平天国，进京述职时，暗地里把一大麻袋的告状信送给他。这个做法很高明：1. 似乎慈禧太后很相信他，认同他可以“将在外，君命有所不受”；2. 告诉他有很多人都忌惮他。

曾国藩心领神会，汗流浃背，赶紧磕头感恩，告老还乡。

曾国藩和弟弟曾国荃在当时战功赫赫，可谓权倾朝野。但是，这也给他带来了巨大的危险。曾国藩也深知做人要“战战兢兢，如临深渊，如履薄冰”。他写家信，全都是谈吃喝玩乐，种菜浇水，只字不提政治。他给曾国荃写过一首诗：

左列钟铭右谤书，
人间随处有乘除。
低头一拜屠羊说，
万事浮云过太虚。

其中引用了《庄子·让王篇》的典故。“屠羊说”是春秋末期楚昭王时代的一个屠夫，当伍子胥率领大军攻入楚国时，楚昭王大败而狼狈逃出郢都，其他大臣们全都走散了，只有屠羊说跟着他，保护着他，伺候着他吃喝。后来，楚昭王还朝，打算给屠羊说封一个上大夫的大官做，屠羊说推辞不就，说，我还是做屠夫好，有吃有喝，还不操心。

这也是《老子》里说的智慧："功成、名遂、身退，天之道也。"

能够"功成身退"者，历史上不多，只有越国宰相范蠡辅佐勾践复国灭吴之后，携美人西施泛舟于太湖波澜，吃喝玩乐退隐江湖，据说还发了大财而号曰"陶朱公"，是历史最早有记载的"首富"。

郭子仪是一个很有意思的人物，大家有兴趣不妨搜搜他的资料读一读。

回到我们的作业本身，崔生、红绡、磨勒，这是作品中三个最主要的人物，在大家的改编中也是如此。但我有一个发现，在重构这部作品时，超过一半的同学把红绡和磨勒拉在一起，让他们发生了绝世之恋。你们的脑洞也太大了吧！

在原文中，崔生去"一品"家探望，观看歌舞吃了乳酪樱桃，还和美女红绡有了一个约定。而今天我们很多同学都有了非常棒的构思，竟然是让武功高强的昆仑奴磨勒和红绡发生了绝世恋情。这个颠倒实在是太厉害了，也是超级的"毁三观"。

好吧，写作上不应该设立禁忌，只要你写得好，什么脑洞都是可以有的。

上节课我也讲过，有位同学把磨勒设定为魔界教主，红绡则是仙界日月主神。他们两个因为相爱，而破坏了各自必须遵循的律令，逃到"流浪界"并在那里相亲相爱。但两界主神逃了之后，魔仙两界发生混乱，相互进攻，死伤无数。两位主神责任在身，不得已只好回到本界维护秩序。磨勒被其他长老抓住，准备用天雷予以惩罚。这个构思很棒，但我觉得还不完整，作品里还有点缺陷。接下来我们一起再去深入研究一下。在这篇作品里，有好多细节——包括设计了一棵日月树——都非常巧妙。我想，既然日月树这么重要，作者赋予它很多的魔力，就多用些笔墨写这棵树，不能辛辛苦苦创造了它却白白浪费了。磨勒和红绡在日月树里幸福地生活了很久，这棵日月树在情节发展中承载了重要的功能，还是要好好利用它来把情节写得更丰富。

《昆仑奴》里有一个重要人物崔生。

我发现班上很多同学都讨厌崔生，把他写成了忘恩负义的"王八蛋"，塑造成了婚后失去激情又开始寻欢作乐的小坏人。十九份作业，只有两位同学把崔生写成相对正面的人物，其中一个是刚才提到过的律师——这个律师的设定也是很棒的，接下来我们还会讨论到这个问题。

我来做个调查，喜欢崔生的同学能举一下手吗？好，前排有五个同学举手了，这和刚才说的两个有出入。

有几位同学说，把崔生写成负面人物，也不一定是讨厌他，有时候也是因为喜欢他，才给予他更加丰富的人物内涵。这个解释很有道理。

崔生和红绡之间的关系，是原作中一个非常重要的关系，我发明了一个专门的名词，可以称为"强关系"。这次很多同学在改写时，取消了他们之间的"强关系"，改变为"弱关系"，反而让磨勒和红绡成了"强关系"。这说明你们依据原作来进行构思创作时，都掌握了很好的构思方法，不受原有人物关系强弱的影响。

这里我借用物理学术语，发明了两个文学结构中的专有名词——"强关系"和"弱关系"。我们要注意，所有文学作品，我们都可以用这两种关系来分析、归纳，这样对人物关系的主次，就看得清清楚楚了。作家在写作中，也一定会预先设定人物之间的主要的“强关系”，例如《红楼梦》里，贾宝玉和林黛玉是最核心的“强关系”，贾宝玉和薛宝钗之间是“次强关系”，至于贾宝玉和王熙凤之间，则是“弱关系”。“强关系”重点写，然后配备若干的“弱关系”，例如，王熙凤和袭人之间是“弱关系”，戏份有，但是不能超过贾宝玉和林黛玉的“强关系”。一部作品中，尤其是长篇小说中，“强关系”一旦确立，这部作品就可以动工了。“弱关系”既可以事先想好几组，也可以在写作过程中慢慢添加。

《昆仑奴》原作中，崔生和红绡之间是“强关系”，红绡和磨勒之间是“弱关系”。可以用微博和微信的不同来理解这两个概念——微博互粉关系是“弱关系”，微信互粉关系是“强关系”。在营销领域中，有一种概念叫作“强关系营销”。因为我们是好友，至少是认识或者有一面之缘才会加为微信好友，这个关系是相对强的。但是你的朋友圈里不一定所有人都是你的死党或好友。有的人是莫名其妙加上的，你会不让他看你的朋友圈，有的人你不看他的朋友圈。但相对来讲，微信营造的是一种熟人关系。当然这和我用在文学作品分析中的“强关系”和“弱关系”概念还不完全一样。

“强关系”和“弱关系”是构成人物关系的最重要线索之一。不可能每个人之间都是“强关系”，因为篇幅有限、精力有限、能力有限。但也可能有平行关系——如果是长篇巨著，几百万字，一对“强关系”无法支撑那么长的“流水账”，怎么办？我们可以设置若干对“强关系”。传统说书有所谓“花开两朵，各表一枝”，就是这样的不同的“强关系”的铺展。

举个例子，虽然《哈利·波特》有七部，但是从开始到结束，我们都能注意到作者抓住了哈利·波特、赫敏、罗恩三个小伙伴的“强关系”——他们任何时刻都是一起出击，协同作战，最终以弱胜强。他们之间的关系延伸出去而形成的“弱关系”，是哈利·波特和邓布利多校长、哈利·波特和斯内普教授以及哈利·波特和德拉科·马尔福等，还有哈利·波特和秋·张，哈利·波特与卢娜等等。

我们在阅读一部作品时，要有一个人物关系判断的观念，如果你要写一篇书评或者影评，首先要找出“强关系”和“弱关系”，这样你一下子就看清了这部作品想表达什么，表达得好不好。

文学作品中人物构成的“强关系”和“弱关系”概念，是我的独家发明。

我长期阅读各种作品，养成了研究文学人物关系的习惯，这样简单地把主角、配角分开，看他们之间的关系如何。夫妻关系不一定是“强关系”，在几乎所有经典文学作品里，夫妻恰恰都是“弱关系”。情人关系、婆媳关系是不是“强关系”？哈哈，这个可以研究一下，起码可以这么说，《金瓶梅》里西门庆和潘金莲是“强关系”。婆媳关系和夫妻关系一样，在生活中可能是“强关系”，但在文学作品中一般不是。在经典的中国传统小说里，有一个分类是才子佳人小说，《红楼梦》是巅峰之作，而如《平山冷燕》《好逑传》这些，大部分都属于中等偏下。

那么什么是“强关系”背后的最强纽带？

从当代的角度说，人和人之间的关系中，爱几乎是最重要的“强关系”。

还是举哈利·波特的例子。

哈利·波特在他还是婴儿的时候，就击溃了当时魔力如日中天的伏地魔。为什么能够做到这一点？大家如果看完了这部作品，就会知道这是因为父母强烈地施加在他身上的深爱。伏地魔在攻击他们的时候，轻易地杀死了他的父母，但没想到在还是婴儿状态的哈利这里，他却遇到了最大的强敌，被婴儿的强大反弹击溃，死灭了第一次。原来，哈利的妈妈莉莉的最强烈的爱保护了哈利，让他免受伏地魔的伤害。伏地魔的元神还在，因为他做了七个魂器。在哈利·波特逐渐长大的过程中，伏地魔也一直想尽办法企图复活。

当我们在剖析文学作品的“强关系”时，会发现爱是一条特别重要的线。不仅爱情，人世间除了夫妻之间的爱、情人之间的爱，对一些普通事物的爱惜、怜悯，也是爱，也是重要纽带。

在这次改写中，很多同学把“弱关系”转化成“强关系”，是很高明的做法。

也有同学转化得特别彻底，写得跟《昆仑奴》压根儿没啥关系。从我布置作业的角度来讲，这种写法并不符合要求。有个同学独创了一个故事，有一批青年才俊在伦敦成立了侦探社，和贝克街221B齐名。为了符合要求，可以让侦探社里的人物跟崔生、红绡、磨勒产生联系。比如，可以设定侦探社的终极BOSS是红绡，机巧地把“弱关系”和“强关系”进行转化。

我们可以看到，让崔生、红绡、磨勒的关系发生转换，是改编这部作品的最基本方法。磨勒与崔生的关系也可以有一个逆转。大家把这些关系倒来倒去，倒得很有成效——包括次要人物和主要人物之间的关系转换。

一般情况下，作品里会有主要人物和次要人物——可以跟“强关系”和“弱关系”对应。次要人物转换成了主要人物，也是非常好的转换方法。有个同学就把孟海犬写成了主角，孟海犬在磨勒准备干掉它的时候幽幽地说了一句话：他是另外一个魔头转变的。磨勒就和这位孟海犬魔头从天界打到了地界，难舍难分。还有一位同学把“一品”、崔父写成主要人物或仅次于主角的二号人物。这些，都是改编原有素材的好方法。

今后，当我们碰到类似的命题作文，或者看到类似的材料时，要记住首先分析人物之间的关系，分析主要人物、次要人物，找出“强关系”“弱关系”以及这些关系之间的相互转变。

第二节　修改文章之细小问题

一、关于题目

我在布置作业时，给你们每个同学提过醒：起一个好题目。

就像每个同学都有一个名字，写一篇作品首先要起一个好题目。当我们写作时，要有“起一个好题目”的准备。不管是虚构类的，还是科普类的，首先都要起个好题目。

二、关于人名

给作品起了一个好题目，接着要给每一个主人公起一个好名字。

有位同学写了反腐小说，故事很精彩。可惜没有注意到“起一个好名字”，主要人物随随便便叫张三。哎呀呀，他给这位崔父的同学、中纪委书记取名叫张三！给他的弟弟取名叫张亖（古语中“四”的异体字），这个“亖”还是故意写的古语异体字。像张三、张亖这样的名字，我觉得不是很好，太戏谑了一点。人物取名字还是要注意他们的身份，你让一个中纪委书记叫作张三，或让一名大律师叫作狗剩，都是很不妥当的。

《昆仑奴》的人物，磨勒名字就挺好。你们也许会说，崔生这个名字也不怎么样。但是，崔生之所以叫“崔生”是有历史原因的，国学大师陈寅恪在名作《元白诗笺证稿》中提到一个重要的信息：“崔”是唐代的大姓。

大家可能都读过《题都城南庄》这首诗：

去年今日此门中，

人面桃花相映红。
人面不知何处去，
桃花依旧笑春风。

这首诗是著名诗人崔护写的，崔氏在唐代是大姓，出了很多名人。唐传奇里很多作品习惯性地给主人公起名“崔生”或“崔氏”，都是因为这个姓在当时太流行了，跟现在的“张三”“李四”差不多。

《三国演义》里有个大官叫司马懿，诸葛亮六出祁山，愣是在司马懿面前无功而返。可见司马懿是一个独当一面的狠角色，连天上星宿下凡的诸葛亮，也奈何不了他。

曹操一心要把这个大家庭都给干掉，但是一直未能如愿。不仅如此，反而是司马懿的孙子司马炎把曹家天下给“禅让”了，以自己的大晋取代了曹魏。

当时一个宗族大姓是“强关系”。像山东、河南、山西等地大家族，最强可以调遣十万精兵，一般的流寇根本不敢惹。东汉末年，司马氏乃是河间大姓，曹操成事实际上也倚重司马氏不少，最终养痈为患，反而被司马氏取代了。在汉代、晋代，高门大姓所构成的“门阀”关系是世袭的，彼此之间也通婚，相互勾结，权力很大。崔姓也好，王姓也好，都很厉害。山东王姓就是著名的高门大院，高门大院之间就有“强关系”。这个“强关系”就体现在，王姓和崔姓之间会强强联合，彼此缔结婚姻关系，好上加好，让自己的势力更加强有力——过去讲究“门当户对”，就是这样来的。

著名小说家王小波曾改写过《昆仑奴》，题目叫《立新街甲一号与昆仑奴》。

在这个小说里面，王小波就自称王二。王小波生活在二十世纪八十年代的北京，小说里王二跟另外一个女生住在一个四面漏风、千疮百孔的破楼里，冬天四处漏风，冻得半死，成天胡思乱想，吃了上顿没下顿，梦想着今后日子会过得非常好。故事分两部分叙述。一个是在唐代长安，那时也有个王二，他在长安街上卖狗肉汤、狗肉包。大冷天，喝一碗狗肉汤，驱寒又舒服。他有个重要主顾叫磨勒，是非洲来的，在宫里为大王服务。磨勒经常来吃王二的狗肉，吃后又没钱，抹抹嘴就走了。但王二笑笑，也没说什么。为了报恩，有一天磨勒用精美的波斯地毯卷了一个貌美如花的女子来了，这就是红绡。第二个部分就是写“现在”的王二，“文革”中他父母双亡，日子过得很苦，但也学会了苦中作乐。这一千五百年之后的王二，是在豆腐厂做豆腐的，跟一千五百年前在长安街上做狗肉的王二，似乎没啥太大不同。

这是一篇好小说，我把它编进了《这才是中国最好的语文书》。

王小波先生在这篇小说中用了什么样的关系呢？他把磨勒变成了主要人物，红绡是被卷在毯子里出来的，崔生根本不存在了——他取消了崔生的存在。这就是作家王小波的处理方式，他这样处理，给我们一种很重要的提示：在处理原材料时，你可以根据自己的思考，对原有的人物关系进行较大幅度乃至最大限度的调整，以便更有效地表达你自己的思考。

在座很多同学的处理方式其实一点也不比王小波差。

我做专业的文学编辑二十年，天天跟专业作家打交道。我对他们的要求也是：修改、修改、再修改！修改是写作中非常重要的能力，是一个好作家变成更好作家的重要的过程。

三、关于分段

很多同学写作不注意分段。

一部作品的分段分行，大家要特别地注意。

现在我主张对话全部分段。

从阅读节奏上来讲，分行与否，感受大为不同。

我们假设对话如下：

崔生：磨勒？

磨勒：在！

崔生：来！

磨勒：好！

每一句对话都分成一行，不要接在一起。

很多同学全都接在一起。

这不是为了故意抻长了多赚稿费，而是控制我们的叙事节奏。连滚带爬糊在一起的一大篇，与语言疏密松紧有致的文本相比，阅读的节奏感很不一样。一百年前的《追忆似水年华》《尤利西斯》这样大段大段叙述的节奏，已经不适应新时代了。

你们看电影里，一顿疯狂追逐后，会有舒缓和抒情片段——可能是英雄和美女喝酒，也可能是在泰晤士河边溜达。大家都看过《王牌特工》吧？这是典型的当代剪辑，节奏非常快，中间偶有抒情段落。

我们写小说也应该这样。

分段的原则是这样的：第一种是事件结束，第二种是对话结束。

一件事结束了，就可以分段，另起一行。事情可以有长有短，有话则长，无话则短。有位同学写孟海犬，写得特别细。写它的样子，它在守卫时的具体表现，写磨勒如何悄悄摸近它，像侦察兵杀掉哨兵一样把它电死。不过，细节要符合时代背景。既然是把它电死的，那么我们就要考虑这是哪来的电。要想赋予他特别的技能，前面必须要先交代。没有任何交代，突然就冒出来有个超能力，这就不合理了。

还有，电是现代的概念，古代的话，如要合理，起码描写他是天生的“带电者”。

一件事、一个细节或者一个场景结束，都可以分段。

对话结束就更不用说了。

每一段对话结束就回车，另起一行。

四、对话与身份匹配

人物对话非常重要。

电视连续剧会有很多废话，人物对话会很多，因为要撑时间。拍连续剧的时候，镜头正反打，打来打去的，啰里啰嗦的，一集就结束了。不过，英、美剧不同，我们看到的大多数优秀英、美剧，他们的导演和演员是当作大片来拍的。

我们现在假设，要把《昆仑奴》改成四十五集的连续剧，那么该怎么改?

第一，加人物。

第二，加人物关系。

第三，加情节。

在《昆仑奴》的故事里，可以把崔生走后原文没有提到的那些场景，都实际写出来。原文的视角就像摄像机镜头，都是跟着崔生走的。他回到家里，朝思暮想，胡思乱想，为伊消得人憔悴，让磨勒看见了觉得奇怪。现在，我们的摄像机镜头要“花开两朵，各表一枝”。一个摄像机镜头跟着崔生，另一个要跟着红绡。如，红绡在传递消息出去之后，在老爷的宴会结束后返回闺房，心神不定地走来走去。有些剧不讲究技巧，还把内心活动说出来。例如，崔生他到底明不明白我的心啊？他够不够聪明啊？他会不会来啊？就这么唠叨这么走，差不多一集也就走完了。

这是一些注水连续剧的常规做法。

严格要求的话，自然不能这样。

首先，就不应该改成四十五集。

我们看，《福尔摩斯探案集》人家英剧改编是一季三集，四季十二集。

这怎么注水？不可能注水，只能压缩、挤干，全是干货。

又比如英剧常青树，已经延续了六十多年的《神秘博士》，现在拍到了第十季，前面已经播放的第八季、第九季，都是十二集。美剧《权力的游戏》，除了第七季七集，第一季到第六季，都是十集。《纸牌屋》，每季十三集。《疑犯追踪》，第一季、第三季都是二十三集，第二季、第四季，都是二十二集，第五季，十三集。《反恐 24 小时》算是比较长了（每一集约一小时），第一季到第八季，每季二十四集，已经拍到第九季。这才是精工细作、独出心裁的英、美剧风范，其风靡全球，确实有过人之处。

光看对话，大多是“话语风暴”“话里有话”，每个人的话都带着鲜明的性格特征，不会有那种长篇大论的啰唆。

从剪辑上看，一集美剧起码两百多个镜头，节奏非常快。

因此，我们写作，对话与身份一定要相匹配。顶级杀手说话，跟摆摊卖西瓜的人说话，是完全不一样的。当然有同学很聪明，说万一摆摊卖西瓜的也是顶级杀手呢？哈哈，这个角色或许就更有意思了。这个顶级卖西瓜杀手，假装是卖西瓜的，却做着“赏金猎人”的买卖，这样，他的说话就可以在貌似日常中，带着“威胁”的气味。例如，他不经意地用“迅雷不及掩耳之势”把西瓜切成了梅花状，等等。身份是可以设定的，关键人物要有反差，对话要有风暴。如何有风暴呢？

就是日常说话跟他的身份有反差。一个我们观众都知道的顶级卖西瓜杀手，他随随便便说一句话都会让人心惊胆战，或者浮想联翩。

有人喜欢第一人称叙事。

只有一位同学用第一人称。他的情节是这样的：结婚八年后，红绡给崔生写了一封离别信。八年了，因为已经没有了感情，红绡要把残次品崔生退回。

这个想法很特别，也是作者把自己凸显出来、跟大多数第三人称视角不一样的方法。

这位同学用了一种特殊的方式，让我们知道，他和我们不一样。

第一人称叙事有一个基本的要求：视角一定要限定。在第一人称的这个视角，能看见的，就看见；不应该看见的，就不能看见。不能"我"在这里泡吧，同时也"看见"某人在游乐场玩蹦极跳，除非你转换了视角。因此，写作要有一个"范围"意识，要知道"局限"，不能过线。第一人称视角会有很多看不见的事情，这样很容易渲染一种悬念，一种紧张气氛。因为，跟着你的视角，读者 / 观众也不知道将会发生什么，也会被你带得紧张兮兮的。

在第一人称叙事时，知道就知道，不知道就不知道。

这本来是常识，但很多人不太注意这个问题。

第一人称，红绡应该知道什么，不应该知道什么，都要有限定。比如，她不能随随便便知道崔生的心理，如果必须知道，就要通过第三方的传递。比如，磨勒跑来跟她说，崔生其实是最爱你的，又或者，红绡在房间里看到了一封信，是崔生八年前写的。

红绡只能这样旁敲侧击地知道一些事情的真相，她不能随随便便就知道。

这就是第一人称视角的限定。

第一人称叙事，不能用“上帝视角”。

“上帝视角”，就是什么都看得见，什么都知道。摄像机高高地悬在城市的上空，看见一个车队在疯狂地追逐一个逃跑的人。我们跟着“上帝视角”也洞悉了一切，满足了自己“窥视”的愿望。

现在很多国产电视连续剧不讲究，想到哪里就拍到哪里。

本来是第一人称，却什么都知道，全知全能。第一人称视角，不能直接转到第三人称，这不符合规则。就像一列火车高速行驶时，突然一个急打方向盘，开到了高速公路上。这个脱轨是要出人命的，再魔幻的小说也不能这么“耍流氓”。

但有同学就是会纠缠不休，说为什么不能写火车打方向盘呢？

我们想想，在什么情况下，可以出现火车打方向盘的情节？

做噩梦！那是一种特殊的心理表达。

第三节　结构问题

修改最重要的部分，在结构上。

取个好题目，起个漂亮名字，学会分段分行，文章排版要漂亮。这些都是细节。细节决定成败，不可小看。你写一个稿子，修改好，必须注意排版。排好版后，读者会更容易读进去。

这些都是技术上的细小问题。

但是，修改最重要的问题是结构问题。

结构问题是什么？就像建房子，一座摩天大厦，首先搭钢混结构。上海的浦东三巨头，号称“厨房三件套”的上海中心、金茂大厦、环球金融中心，都是先搭架子，高入云霄；然后，再安装幕墙，分割内部空间，进行内、外装修。

写作也是这样，在真正下笔之前，先要把主体结构搭好。

比方说有关“正义”的法律案件。

还是以崔生做律师的这个设定来举例。有一个叫王伯的董事长，请他帮忙打官司。这是一个关于豪门恩怨的案件：表哥表妹结婚生下了红绡，二十年以后红绡妈妈死了，红绡拿了遗嘱来认亲。父亲不肯相认，红绡也找崔律师代理打官司。崔生和磨勒这对好搭档，一个是律师，一个是检察官，他们携手办案的成功率很高。律师查出父亲偷税漏税的问题，并请检察官磨勒去办理这个案件。这是现代生活中的侠义，路见不平拔刀相助。他放弃了亿万富翁的高额委托，为了正义而替红绡争取利益。这就是故事的主体结构，如果加上副结构，还可以加入崔生和红绡的爱情。另一方面，王伯董事长又给担任法官的崔父打电话，这样，故事就复杂起来了。

这样的一个关系，从头到尾讲下来，结构是成立的，没有大问题。如果要修改，只需修改细节。有些细节不合理，可以合理化。比方说，要体现他的正义感、好打抱不平，有的细节可以铺垫得更好，更打动人。

如果是结构不成立，要推翻重来，那是最悲惨的，相当于把金茂大厦推倒重建。

俄国文学大师列夫·托尔斯泰写《安娜·卡列尼娜》，第一稿完成后，全部推翻了重写。更悲惨的是，第二稿完成后，再推翻重写。最悲惨的是，第三稿完成后，第三次推翻重写。

现在是网络写作时代，有些作家就是网上修修补补，反正很长，不少读者也就是看个热闹，看了后面忘记前面，合不合理也不管。

但为了避免麻烦，正式写一部作品前，一定要首先考虑主体结构问题。

很多同学已经掌握了搭建主体结构的要领。大家会发现，主体结构完善的话，具体写作过程中，会写得很顺畅，七千多字没有结束，甚至写到了上万字，写了第一章，第二章还在“未完待续”。如果你要把崔律师和红绡的故事搬到现代来，写一个长篇现代言情连续剧，只需要加入更多的旁支阴谋之类的，就可以了。例如，崔法官不像儿子这么正义，他和王伯董事长之间有私下交易，于是，剧情就复杂了。

一旦结构确定，我们就有话可写了。

一、重要原则：“强关系”第一

“强关系”是大楼的框架，是故事的支撑。我们在考虑主体结构时，首先要考虑“强关系”。

在刚才的那个故事中，崔生、磨勒、崔父以及那位发了不义之财的董事长中间，把崔生和磨勒作为“强关系”，也是成立的。律师和检察官，这两个英雄少年合力查出董事长的偷税漏税问题，触及了他的要害。这里还有一个遗漏，最后这个偷税漏税问题如何解决？问题抛出来，就要解决。这是必须要做到的。还有，为何崔生和磨勒两个人的关系要超过崔生和红绡的关系，成为第一关系？这要给出令人信服的理由，不然，通常来说，人们都习惯性地认为，崔生和红绡应该是“强关系”。

搭建关系也是这样的。当你开始着手修改，你首先应该考虑，在你的作品中，“强关系”存在于谁和谁之间？他们的互动够不够？反差够不够？吸引不吸引眼球？

一部作品成败在于“强关系”的设定，一定要形成强烈的反差。就像夏洛克和华生一样，从个子到性格到爱好，都形成强烈的反差。

同学们的作品中有个普遍问题都需要提升：对人物的描写可以增强，添加一些细节。你们很少描绘人物的样子。你可以不像十九世纪现实主义作家那样过分细致，但是可以说“身材高挑”“表情忧郁”“两只眼睛很有神”。

有位同学在作品里把崔生写成宅男。这里还可以进一步写得更详细一点，如他是一个“肥宅”，或者“肥技术宅”，如《变形金刚》里那个黑人密码破译高手。

有一位同学给红绡加了一个妹妹，叫红绫。另一位同学把“一品”作为重要人物，讲到朔方节度使为了拍“一品”马屁，把红绡卖进了“一品”家。

这些都是很棒的想法。

这两个故事如何提升呢？

这两个故事的“强关系”都不明显，我们可以加重。

有同学设计了这样的情节：磨勒看到了红绡的手势，懂了，喜欢上了少女；崔生是个笨蛋花花公子，没有看懂。这样，故事设定好，要写得精彩，就要在几个人物中找出“强关系”。

二、确定互补关系

互补关系，是“弱关系”。

“弱关系”是用来补充“强关系”的。

前者写得不好，后者就不成立。后者是搭钢筋，前者是内装修。

任何一部作品都是封闭性的结构。写完就结束了，再进行修改，修改完又是一次结束。每部作品都是一个小宇宙。刚才说到的魔界仙界的例子，也是一个小宇宙，故事如果再往下延伸，可以写成很长的作品。

还有同学写穿越小说，把磨勒变成了宋太祖赵匡胤，因为思念三百年前的红绡，脑袋里装着的全是红绡的身影。想着想着，突然一道闪光打过来，赵匡胤穿越到了现代。这时，红绡变成了章子怡。章子怡走红毯时，赵匡胤从天而降。吃瓜群众不明真相，都鼓掌说好酷好棒，是不是吊威亚而威亚断了。这个想法也不错，但是我觉得穿越不够合理，有点太随心所欲了。

我不是反对穿越，但要把“弱关系”写好，写得合理。不能一闪光就穿越了，毫无合理化的铺垫。万一赵匡胤乱穿越被雷劈了怎么办?

穿越是非常讲究的，穿越一定要有一个精巧设计的“门”。

哈利·波特从日常生活穿越到霍格沃茨魔法学校时，要穿过九又四分之三站台，然后搭乘霍格沃茨魔法特快。《纳尼亚传奇》里孩子们从现实生活进入纳尼亚，是通过一个特殊的“衣柜”。我认为衣柜这个设定，还不算很讲究。柜子一穿就进入另一个世界，这样的穿越本身不够高明。设计高明的穿越的门，是九又四分之三站台，或者是从“破釜酒吧”后院里的一堵墙前用魔杖点开一个墙门，进入“对角巷”。

还有，当你写到“星际旅行”这种题材时，一个认真的作家一定会把如何达到超光速，以及星际旅行中的重要事项说清楚。不能“啪”的一声就超光速飞走了，万一撞到一个鸡蛋上呢？

所以这个“门”特别重要。

不是我们日常生活所说的门，而是一个结构，让人信服地穿过去的一个“门”。

我们知道现在“穿越小说”很流行。

我在某网站上看到过一个“神幻穿越小说”，说某特工全副武装地行走在沙特阿拉伯的沙漠里，被一辆军用卡车撞了一下，突然穿越了，回到了抗日战争时期。他的超高能装备在抗日战争时期是神级啊，他一个人干掉无数日本鬼子，成了超能大英雄。

我觉得，神剧之神兮兮的不在于它能不能去“手撕鬼子”，而是在创作这个场景时能不能让一切合理化。例如，一个全副武装的特工没啥事跑沙特阿拉伯大沙漠里去瞎走干吗？被军用卡车撞了一下就穿越了是不是太不讲究了呢？要让他穿越，可不可以设计一个让我们更加信服的方式？我想是可以的，比如他闯入了一个古代神秘三角什么的，都要比这合理一点。

我推荐大家有空看看香港作家黄易写的《寻秦记》。这是华文穿越小说的鼻祖了。

《寻秦记》讲的是一位香港特种部队精英、搏击冠军项少龙成为首位穿梭时空的实验者。这台时光机器把项少龙送到战国时代的赵国，然后就爆炸了。在那时的赵国，他需要运用自己受过的现代思维训练、脱困训练、生存训练等高超技能来顽强生活下来，而且只有秦王嬴政登基了，他才能回到现在。在赵国，他机缘巧合地结识了当时的墨家钜子元宗，学会了墨家剑法，来到了赵国都城，发现巨鹿侯赵穆才是宏图大略、阴险狡诈的战国枭雄。他蓄养三千死士，拘押秦国王子作为人质，图谋一统天下之大业。秦国王子战死，项少龙找来妮夫人之子赵盘冒充，历经很多艰难之后，成功地把赵盘送到秦国并顺利登基——是为一代帝君秦始皇嬴政。然而，读完小说之后，我们才知道赵盘是那个时代的最大赢家！

才能超群如项少龙，在群雄逐鹿的战国风云中，并不能真正地雄霸天下，而是无奈地看着赵盘一步步变成了秦始皇。项少龙归隐江湖，娶妻生子，采菊东篱下，悠然见南山。他在采桑养蚕，耕田播种之余，看到他的儿子项羽不断长大，舞刀弄剑，呼喝追逐，力大无穷。

在《寻秦记》里，项少龙的穿越是受限定的——单程，能去，也能回，但需要满足返回的条件。他没有无限的穿越能力，而是留在了两千年前，目睹了华夏的黑暗历史。然而，他个人虽具宏才大略，却也不能扭转历史之必然，历史也并未因为他的穿越而有根本的改变。

我们在构思作品时，穿越也好，人物设定也好，不能没有限定。没有限定就能拥有无限能力，拥有无限能力就会不讲究技法，不讲究技法就会不合理，不合理就很难说服读者。《寻秦记》里写穿越，不是一下子就穿过去的，在描写项少龙的穿越过程时，给了很多的笔墨，写了很长的篇幅。

现在很多网络小说，“穿越”常是因为做梦、梦游，被车撞了，走着走着就掉洞里，还有的是在淘宝上买了一本书……这些都不讲究，不高明。

同学们在构思穿越小说时，一定要把关键性的因素设定好：门、事件、细节，都要讲究仪式感和真实感，就像九又四分之三站台。

今后，我们可以专门讨论《哈利·波特》。你们都知道，九又四分之三站台，作者是用细节描写来呈现的。哈利·波特推着自己的行李，在站台上茫然无措，找不到入口。然后，来了罗恩一家，罗恩妈妈友善地给他介绍——在电影里，是冲进柱子，在小说里，是闯过一个栏杆。但小说不需要平均用力。《哈利·波特》第一章讲巨人海格、邓布利多、麦格教授送婴儿哈利·波特到他姨妈和姨夫家后，第二章是十年后，中间不写，过渡很快。在写穿越九又四分之三站台时，又描绘了很多具体的细节。第一次去对角巷，巨人海格带着哈利从破釜酒吧进入，小说也详尽地描写了巨人海格对着砖墙“开门”。

这是现实空间进入虚拟空间的一个门。

这个门是必须明显存在，却又不是我们熟悉的那种大门。

不能走着走着就过去了，也不要是开锁推门这么简单，连麻瓜都懂。魔法世界就要有魔法世界的特殊的门。正如同在魔法师的商品集中地，那些店主卖的东西和魔法师们要的东西都是普通的麻瓜市场里所没有的。其中，奥利凡德的魔杖店是一个重要的地方，要专门写。

同学愿意跟我谈一下你们在改编《昆仑奴》时的人物性格定位的问题吗？我记得有一位同学写的主角是变了性别的。

这里有一位同学说，他其实原本是想要模仿日本剧集，让崔生变性的，但因为名字不太好取，后来就变磨勒为陌乐，这个名字较为女性化一点。人物变性之后，性格随之确实也有了一定的变化。

这也很有意思，名字改变，人物性格也随之产生变化。写作中，每一个细节产生变化，都会产生自己的影响，你要随之做调整。

在一部作品中，人物性格特别重要。变性也好、不变性也好，性格决定了他的行为方式。我们在设定“强关系”时，主要人物的性格定位要首先做好设计，A 角、B 角的性格要有大反差。有一位同学写崔生是一个宅男。磨勒去找他，敲门却不开。一次崔生在家宅了三天三夜，快要饿死了。磨勒花了大力气把门撞开了，原来他武功很高强。

这个故事里，这对结构是一动一静。假设要进行提升的话，应该怎么改？两个人的性格，要形成大的反差。

我们现在就假设：崔生就是死宅，打死也不肯离开房子。磨勒对他说，有个女孩子特别漂亮，要不要去看看？崔生说，就发个视频看看呗。反正就是不挪屁股。磨勒说，真人太棒了，那身材，那容貌。崔生说，那就麻烦你把她带来吧。到了这里，就可以写磨勒怎么去把红绡带来了。

这次改写大家都发挥了很多的想象力，基本都紧扣着《昆仑奴》的原文来进行。而对一部作品的改写，还可以像王小波那样把原来的内容全部去掉。

同学改写时去不掉原文中的几个特定内容：一是红绡做手势给崔生，二是磨勒翻越十重高墙和击杀猛犬。可不可以写磨勒其实是个手无缚鸡之力的人，他靠三寸不烂之舌能把稻草说成金条从而游说守卫把门打开了呢？假设他原本是一个来自海外的书生，流落长安，却能讲各种奇异的海外故事，结交了一帮五湖四海的朋友。“一品”家的门卫也有来自波斯的，也有来自大食的，跟磨勒都是酒肉好友。于是，一点武功也不会的他就直接进入“一品”家了。

还可以这样写：崔生根本就没去“一品”家。老爸问他，你去过了吗？他说，我去过了。怎么去的？给他发了个e-mail。后来对证，“一品”说，我收到了e-mail，但是这是自动回复。因为互相设置了邮箱自动回复，最后两人邮箱都爆了。怎么才能把这个故事写得更精彩？那就要进一步去设计了。

同学们都不太敢动原有材料中重要的结构，下次有改写的作业时，胆子可以再大一点。要是不动重要结构，就会受制于原有的材料，人物性格定位会跟它牵扯不清。装修房子不能敲承重墙，但是，改编原材料写新作品，可以“敲墙”。假设磨勒就是这样一个喜欢吹牛、好大喜功的来自马来西亚的昆仑族人，精通几国外语，阿拉伯语、罗马文、拉丁文样样在行，在长安城广交朋友，谁碰到问题都来找他。一旦这样改写，人物性格就变了。一个坚毅的、聪明的武功高手形象，又会变成另外一个性格完全不同的人物了。

这次改写，有些同学做了变化，但是只有极少数同学敢于突破核心关系。

魔界教主和仙界的日月主神是一个突破。

人物关系定位，跟“强关系”是非常重要的。“弱关系”和“强关系”要形成互补关系。

我们可以再提一个假设：崔生是宅男，死活不出门，而父亲是运动狂人，每周跑一次马拉松，又是亿万富翁，集所有的优点于一身。于是崔生就啃老，就惹事，在微博里成了大V，整天口出狂言，深得女粉丝们的喜爱，甚至封他为“大唐老公”什么的。这样，父亲和他之间就是传统的主次关系。父亲很霸道，崔生被斯坦福计算机系录取了，父亲却逼他去读哈佛法学院。他勉强读了，又不愿意好好做一个律师。崔生不愿意做律师，他内心会愿意做什么？可以脑洞大开，比如他其实是蜘蛛侠？或者超人？哈哈！可以吗？其实是可以的，不过，为了适应中文语境，我们可以改为他是一个绝世轻功高手，一到夜里就在城市的屋顶上飞来飞去。你们看，怎么样“神展开”都可以。还有，强行转去哈佛，有这么容易吗？父亲为什么这么牛？设计了这样的情节，就要解释充分，可以写他父亲给哈佛捐了两亿美金之类的。这个理由到底充分不充分，还要研究，你们可以上网搜一下，进哈佛的人，除了正式的录取之外，都是用什么办法的。

这就是“弱关系”和“强关系”的互补，也是主要人物和次要人物之间的互补。如果这样的关系支撑不起整个文章架构，这就不是一部令人印象深刻的作品。

所以，人物关系定位决定了文章结构。

第四节 开头和结尾

先谈结尾问题。

我自己写作时，最痛苦的事情是结尾。

我跟老师说，小说没法结尾了，怎么办？

老师说，没法结尾？把人物毙了！

二十世纪八九十年代，很多作家写小说，最后都把人物给毙了，没有一个人物能活下来的。而且，死得也不讲究，一脚踩到下水道摔死、掉到粪坑里淹死，人物命运与小说主线没有构成有机关系。

结尾的问题，是一个大问题。很多作家都有这样的焦虑。

好莱坞大片是怎么结尾的？一般都要“大团圆”结局。英雄救美，历尽千辛万苦，把坏人干掉，然后幸福地生活在了一起。好莱坞大片的经典结尾，和中国才子佳人小说的结尾是一样的。

中国传统作品，元曲、杂剧、小说，都是“有情人终成眷属”。

意大利著名作家伊塔洛·卡尔维诺出版过一套《意大利童话》。他为一些王子公主的童话加了一个结尾：“他们俩幸福地生活在一起，而我什么都没有得到。”

结尾到底怎么写？这就涉及刚才说的“强关系”“弱关系”，主角和配角，还有人物性格的种种因素。

有一位同学写磨勒是快递员，但送快递只是为了掩饰他的真实身份，其实他是一个祭坛使者，要把红绡抓去作为祭坛牺牲品。这篇小说破掉了《昆仑奴》的结构，像是一群超能力者借用这个故事平台来重新打一架。

故事的结尾是这样的：警察围捕磨勒，最后所有枪都对准了磨勒。

他一把抓住红绡，拉到一个地方，因为祭祀时间临近，他要把红绡杀了祭祀。讲到这里，小说可不可以就此结束？我觉得这个结尾蛮高明的，自然也是一个令人毛骨悚然的悲剧。后来如何可以不写，戛然而止。

但他从十几支枪的枪口下突然逃脱，到底是怎么做到的？这里，不妨再深思一下。

我把作家分成两种类型：先有开头的作家和先有结尾的作家。

在座的同学也是这样：有的先有开头，有的先有结尾。

先有开头的作家可能是比较感性的人，对世界有紧张感，为很多未知事物而触动。先有结尾的作家是比较理性的，他们更多地看到了事物的尽头，同意某些规律主导世界，然后，回过头来，再为这个结尾寻找开头。

结尾的模式很多。一个故事写到一定程度，各方面都到位了，就可以结束。作品都有“高峰时刻”，一定要写到这个程度，欲罢不能，各种矛盾纠结在一起，给读者一个“死结”的错觉，然后巧妙一转，最好是突然“反转”，故事就结束了。有一位同学写磨勒把红绡救出后一起逃到了洛阳。我在评语里提了一个建议，他们可以留在当地卖药，最后开了药铺连锁店，渐渐发展到了整个大唐。这也算得上是比较合理的大团圆结局。

关于结尾，我想到了文种和范蠡的故事。

天真而愚忠的文种，最后被越王勾践杀了。这是悲剧结局。

智慧而超脱的范蠡，在辅佐勾践成功之后，携美人西施翩然离去，泛舟于烟波浩渺的太湖之上，做他富可敌国的陶朱公。乐生乐死，不亦快哉！这就是《老子》所谓之：功成、名遂、身退，天之道也。

再讲开头。

有一篇文章《世界名著的 100 个开头》，大家可以去找来看一看。

“幸福的家庭都是相似的，不幸的家庭各有不同。”这个开头来自于列夫·托尔斯泰的名作《安娜·卡列尼娜》，一句话说尽天下酸甜苦辣。

“多年以后，奥雷连诺上校站在行刑队面前，准会想起父亲带他去参观冰块的那个遥远的下午。”这是马尔克斯的《百年孤独》，被视为神展开，一句话包括了过去、现在与未来，整个小说的内容都囊括在这个开头里。

……

开头非常重要，一定要好好思考。对于一部小说来讲，开头是决定作品成败的重要因素之一，有一个好开头非常重要。但是，开头又没有定式，很难随口讲个一二三，同学们记在笔记上就能照单抓药。我们在通常的语文课堂里也学到很多术语，如“开门见山”等，其实都没有什么用。在形成个人的独特风格之前，有效地阅读一定数量的一流作品，是很重要的基础。只有这一积累足够丰富之后，你才能有更多的创新可能。

每个人的人生可能有不同的开头，可能有不同的结尾，可能有不同的学习方式。但是你们都需要去考量这个特别能体会到你自己想法的开头。

你们都非常有才华，要珍惜你们的才华。

下一节课，我们会继续讲怎么开头这个重要的话题。

作业：

中学生的生活很少越出“家庭—学校—家庭”的两点一线，每次放假，少有机会去旅游，缝隙又被大量的作业填满。因此，我们很少有机会注意到、观察到身边的那些细微的事物。例如“花开”，这是一种自然而然并且常见的现象，在我们的小区、在学校、在公园、在植物园、在森林，春天无处不花开。但是，很少人会真的仔仔细细地注视着一朵花、一片花、满树花开的时刻，以及花开的过程。

请以“花开”为题，写一篇经验散文。如果你从来没有注意过花开，请抽个三五分钟去看一看，也可以去网上搜索一下图片或者视频。

要点：要写出观察的整个过程，最好有细节，有行动线，有感受。要自然而然地讲述，不要故意煽情。

字数：1500 字。

第四讲　一个开头的诞生

一部小说的开头，决定整部小说的走向。

上一堂课，我们讲了作品的修改。讲得比较开，涉及方方面面的内容。

修改，是写作中重要的过程。

实际上，如何进行修改，要是具体举例进行训练，则需要更多节课才能讲完。

上次我们上得很急速，老师们在讲写作课时可以在这里展开，从同学们的习作中，从一些作家的作品中，找一些素材来进行研究，进行修改实践，会有很直接的提升效果。

最简单的是用词。很多人写作，“的、地、得”都没有分清楚怎么用，我们可以从这里开始。还有很多人，“功夫”和“工夫”没有区分，我们也可以来看一看。现在更简单，有这样的问题，同学们上网一搜，就知道了。我就不展开讲。

为什么要修改？

我们所有的开头、结尾、文中结构，都有可能没写充分。你写完以后重读，可能觉得不符合你原有的想法。本来想写一个顶天立地的大英雄，在一个火球即将撞击之前来拯救地球。可初稿写出来了，发现主人公的人物形象不够丰满，不够合理，甚至不够英雄而有点怯懦，甚至还不是超级大汉，而只是一个看起来很不起眼的小兔子。哎呀，这怎么写？

自己返回去重读时觉得出了问题，可能是性格定位有问题，可能是细节描写不够好。要逐一思考，然后在修改中提升。

在这种情况下，有两种处理方法。

一个是将错就错，让小人物做成大事。

大家有没有看过《驯龙记》？这里的主人公希卡普，就是一个美国梦的代表。典型的小人物做成了大事的故事。在维京人部落那样膀大腰圆、肌肉块非常发达的社会里，希卡普是一个腿有点瘸、个子很瘦小的角色，几乎就是一个废物，连瘸腿的铁匠都比他块头大得多，杀龙都比他有用得多。但是他不放弃、不气馁，最终用更高的智力，弥补了体力上的缺陷。

第二个办法，就是把不符合设定的内容删掉，加入新的符合设定的内容。

那么，设定最重要的地方在哪里？

第一节　开头定下叙事基调

我来给大家上写作课，主要就是讲小说、诗歌、散文、非虚构写作，应用文类就不多涉及了。你们从小学开始，接受了不少这方面的训练。我们谈到写作，就是指虚构类的小说、诗歌、散文，还有非虚构写作。

非虚构写作是目前很兴盛的写作门类，虽然定义不是很清晰，边界也不太明显，但是跟通常我们理解的虚构小说或纪实散文不太一样。2015 年获得诺贝尔文学奖的白俄罗斯女作家阿列克谢耶维奇的名作《锌皮娃娃兵》《我是女兵，也是女人》等，都是典型的非虚构写作。曾经在中国重庆小城住过很久的《纽约时报》特约记者海斯勒（中文名何伟）的名作《江城》《寻路中国》，也是典型的非虚构写作。

归纳起来，非虚构写作所写的人物或事件都是真实的，本来就存在，但一直不为人知。有些偏重人物，有些偏重事件。这些人物或事件虽然是真实的，通常因为各种原因被湮没在历史的尘埃中，但一个目光犀利、感受敏锐的作家在自己的生活和研究中发现了这种真实，并被这种真实所刺激，而构思写出了以真人或真事为对象的作品。通常来说，之所以这么写作，是因为作家试图通过自己的努力，揭示某种一直不为人知的真相。

对于写作来说，“虚构”和“非虚构”看起来截然不同，但实际写作共性却非常多。

例如，对人物性格，“虚构”可以塑造；“非虚构”则原原本本写出自己所表达的那个人的性格。对于故事的发展，“虚构”可以采用更多的特殊手法来增加故事的趣味和吸引力；“非虚构”则不能离开事实去写。有些真实的人物，他们的人生历史之复杂，经历之跌宕，比一般的虚构作品要丰富得多，“非虚构”作者需要做的是尽力把这种丰富性用文字表现出来。

我们现在来看，人物也好，结构也好，文章的主要定位是在哪里？就在开头。

一部小说的开头，决定整部小说的走向。

在座有些同学也看过很多好的开头。

比如上节课提到过《安娜·卡列尼娜》的开头：“幸福的家庭都是相似的，不幸的家庭各有不同。”

又如《三国演义》的“天下大势，分久必合，合久必分”。

但是，中国传统文学和新文学的写作，差别是很大的。

当我们在讨论一部现代文学作品时会发现，文学作品基本的叙事基调都在开头里出现。

有同学读过奥匈帝国时代的捷克大作家弗朗茨·卡夫卡的名作《变形记》吗？

《变形记》的开头是这样的：“一天早上，格里高尔·萨姆沙从不安的睡梦中醒来，发现自己躺在床上变成了一只巨大的甲虫。”

关于变形的题材，古今中外非常多。中国的《搜神记》《聊斋志异》《子不语》和唐传奇等文学作品里，有很多变形故事。唐传奇里有虫子变成饱学诗书的秀才，有人变成驴子，有人到了蚂蚁的国度当上了驸马爷，有水桶烛台变成了人，在空无人烟的荒舍里吟诗作赋等等的故事。在一篇叫作《来君绰》的传奇中，隋代末年海州某地的白衣秀士威污蠖，在深夜招待来君绰等几个逃难秀才，大摆宴席，极尽欢乐。来君绰等人都被威污蠖的敏捷才智所吸引，第二天醒来告别了，走出几里地仍然恋恋不舍，于是又返回去想再探望一下，却发现，“所宿处惟有污池，池边有大螾，长数尺”，才知道饱学诗书的主人原来是条大蚯蚓。他们想到自己吃的东西，把隔夜饭都吐出来了，“各吐出青泥及污水数升”。

中国式的变形和外国式的变形是不一样的。

外国的变形大部分是指人和物的互换。

古罗马大诗人奥维德有一部名作《变形记》，以很多神话故事为原型，讲一些人如何化成一个物体。比如桂冠的传说，宙斯的儿子阿波罗追求河神的女儿达芙妮，达芙妮为了躲避阿波罗的追求，变成了一棵月桂树。阿波罗深悔不已，为纪念心上人，遂以月桂树枝做成桂冠，奖励伟大的诗人和音乐家。还有那喀索斯因为自恋掉到水里变成了水仙等等，这都是一种人与物的变形。

中国式的变形，更多的是动物与人的互变，跳蚤、苍蝇等虫子，老虎，驴等，各种动物跟人进行互变。

在弗朗茨·卡夫卡的《变形记》开头，一个推销员一早醒来，发现自己变成了一只甲虫。这是不科学的。今天大家都接受过科学的训练，不相信人会变成虫子。

但文学可以不科学，允许不科学的事物出现在文学的世界里。用精神分析学来分析它，这是一种精神变异的象征，推销员格里高尔·萨姆沙是在精神上变成了一只虫子。他的无穷无尽的推销员生活，他所肩负的养家糊口和供妹妹上学的重担，都让他在精神上变成了一只虫子。

虫子有什么特点？人类又有什么特点？

弗朗茨·卡夫卡的这个故事的独特之处在于，他把“变形”这个元素用在现代人的精神压抑上。一开始，推销员不承认自己是虫子，他使劲地要从床上翻下来，小手不停地蠕动但是动不了。在精神上，他还是一个人，一早起来要赶火车去卖东西的推销员。他要养家糊口，二老在家嗷嗷叫，妹妹要去上音乐学院还缺一笔学费。他精神上是人，但肉体已经变成了虫子。小说的最终结局是，他接受了自己变成虫子的事实，最后遭到家里人的嫌弃。他的精神和肉体一起变成了死去的虫子，他这个人也彻底消失了。

一次奇怪的变形，使整个故事的基调完全落定。

同学们有没有想过，像这样的故事，很多中国作家会在结尾处理成是一场梦？或者，虽然变成了虫子，最终还是变回了人——例如，妹妹的深刻的亲情，感动了他；父母的关爱和责任感，激励了他，他最终恢复了人形。这是我们通常能想到的结尾，但卡夫卡自然与众不同，他不给这样“大团圆”结局的机会，在他这里，事情一旦发生了变化，就是不能挽回的。

格里高尔·萨姆沙一旦变成了虫子，就再也回不来了。

一次变形，终生遗憾。

小说有它的要求和规律，不能随意变来变去。

也许新一代的同学看很多网络小说，会写网文。上次课我说过，很多网络作品不讲究。没有规律，随意变化，这就是不讲究。就像一个工匠在锤炼一件工艺品的时候要有讲究的精神，一定要有规则、规律，才能形成一个限度。这个限度，就是想象的有边界空间。如同一个圆，要把这个想象的空间填满，但是不能随意反悔，更不能把圆形突然变成正方形。

上节课我用穿越小说《寻秦记》举例子。香港特战队队长项少龙穿越去了战国末年，但这是“有限车票”，他只能去，回来则要满足特定条件。这样，一开始就是一个悲剧的设定，因为无法回到原来的处境。可以说，不能回到原来处境的写作，都带有悲剧性。只有能完美解决问题、完全回到人物最初处境的作品，才可以说是有大团圆结局、是喜剧性的作品。但是，喜剧性作品通常带有某种超现实主义的色彩。

因为，真正的现实主义，反而是任何事物和人物，都会随着时间的变化而变化的。才子佳人小说里，才子最终考中状元，回来娶佳人为妻。这是一个精致的圆环结构，首尾相接，自成一体。主要人物之外，不会节外生枝，不会出现变故。即便有变故和枝节，也不过是为了夸赞才子才高志坚的。

假设才子完全不愿意读圣贤书，只想读一些有趣的作品，只想跟姐姐妹妹们一生厮混在一起，最终却曲终人不见呢？这就是不朽的杰作《红楼梦》，超越了通常的才子佳人小说。

《寻秦记》做了一个变化：单程车票去战国！项少龙孤身一人在赵国、秦国之间周旋，不断地提高自己的武艺，最后生了个儿子是项羽，由他完成了自己未能完成的愿望：推翻秦朝。这个设定是非常重要的，不能随意超越。如果跟针头似的随意穿来穿去，他就不是小说里的重要人物了。

今天，我给大家准备了二十个开头，我已经讲了三个，另外还有十七个。

请你们各自来选一选喜欢的开头。

材料一：

1. 一天早上，格里高尔·萨姆沙从不安的睡梦中醒来，发现自己躺在床上变成了一只巨大的甲虫。——卡夫卡《变形记》

2. 穿过县界长长的隧道，便是雪国。——川端康成《雪国》

3. 多年以后，奥雷连诺上校站在行刑队面前，准会想起父亲带他去参观冰块的那个遥远的下午。——加西亚·马尔克斯《百年孤独》

4. 本书现在的作者保证读者诸君读罢本书后绝不会招来杀身之祸，而此种不幸命运曾于1691年《哈扎尔辞典》初版面世后，降在当时的读者身上。——帕维奇《哈扎尔辞典》

5. 你即将开始阅读伊塔洛·卡尔维诺的新小说《寒冬夜行人》了，请你先放松一下，然后再集中注意力，把一切无关的想法都从你的头脑中驱逐出去，让周围的一切变成看不见听不着的东西，不再干扰你，门最好关起来。——卡尔维诺《寒冬夜行人》

6. 我的兄弟柯希莫·皮奥瓦斯科·迪·隆多最后一次坐在我们中间的那一天是1767年6月15日。——卡尔维诺《树上的男爵》

7. 1517年，巴托洛梅·德·拉斯卡萨斯神父十分怜悯那些在安的列斯群岛金矿里过着非人生活、劳累至死的印第安人，他向西班牙国王卡洛斯五世建议，运黑人去顶替，让黑人在安的列斯群岛金矿里过非人生活，劳累至死。——博尔赫斯《恶棍列传》

8. 天下大势，分久必合，合久必分。——《三国演义》

9. 请叫我以实玛利吧。——麦尔维尔《白鲸》

10. 我年纪还轻、阅历不深的时候，我父亲教导过我一句话，我至今念念不忘。“每当你想要批评任何人的时候，”他对我说，“你就记住，这个世界上所有的人，并不是个个都有你那些优越条件。”——菲茨杰拉德《了不起的盖茨比》

11. 你要是真想听我讲，你想要知道的第一件事可能是我在什么地方出生，我倒霉的童年是怎样度过，我父母在生我之前干过什么，以及诸如此类的大卫·科波菲尔式废话，可我老实告诉你，我无意告诉你这一切。——塞林格《麦田里的守望者》

12. 我已经老了，有一天，在一处公共场所的大厅里，有一个男人向我走来，他主动介绍自己，他对我说：“我认识你，永远记得你。

那时候，你还很年轻，人人都说你美，现在，我是特地来告诉你，对我来说，我觉得现在你比年轻的时候更美。那时候你是年轻女人，与你那时的面貌相比，我更爱你现在备受摧残的面容。”——玛格丽特·杜拉斯《情人》

13. 起初，神创造天地，地是空虚混沌，渊面黑暗；神的灵运行在水面上。——《圣经》

14. 今天，妈妈死了，也许是昨天，我不知道。——加缪《局外人》

15. 这可是实实在在的一见钟情。初次相见，约塞连便狂热地恋上了随军牧师。——约瑟夫·海勒《第二十二条军规》

16. 幸福的家庭都是相似的，不幸的家庭各有不同。——列夫·托尔斯泰《安娜·卡列尼娜》

17. 体态丰满而有风度的勃克·穆利根从楼梯口出现。他手里托着一钵肥皂沫，上面交叉放了一面镜子和一把剃胡刀。他没系腰带，淡黄色浴衣被习习晨风吹得稍微向后蓬着。他把那只钵高高举起，吟诵道：

我要走向上主的祭台。——詹姆斯·乔伊斯《尤利西斯》

18. 卡德威尔一转身，他的踝部中了一箭。学生们哄堂大笑。疼痛的感觉，从他胫部的狭长经络往上蹿，在他的膝部复杂组织中转悠，往外扩展，再蹿到他的肠子，疼得更凶了。——约翰·厄普代克《马人》

19. 他是个独自在河流中一条小船上钓鱼的老人，至今已去了八十四天，一条也没逮着。——海明威《老人与海》

20. 我出生两次：第一次，是个女孩，一九六〇年一月在底特律的一个无烟日出生；第二次，一名少年，在密歇根托斯基的一家急诊室里，那是一九七四年八月。——尤金尼德斯《中性》

请大家举手选择。

我发现喜欢《寒冬夜行人》的同学不少，还有的相对集中在《哈扎尔辞典》《雪国》《情人》。

《寒冬夜行人》的确很有特色，有个很特别的开头，让人记忆深刻。我曾经反复地读，读了很多遍。我还写过一个长篇小说叫《三人行》，部分套用它的结构，是为了向它致敬。

同学们看来更喜欢幽默、带着神秘气息的开头。老的开头，如“天下大势，分久必合，合久必分”“这是一个最好的时代，也是一个最坏的时代”，这一类在你们身上吸引力减弱了。

第二节 人物与故事从开头就交代

你们写作的时候，有没有想过，开头要怎么写？

或者说，开头要怎么定你的作品的调子？

从十九世纪的批判现实主义作品到当今的虚构作品，后者最大的特点是，一般情况下会在开头把所有因素都交代出来；而不像以前那样，一开始只交代部分信息，之后再抽丝剥茧地一一交代。

“天下大势，分久必合，合久必分。”这是一个高度概括的有关历史的判断，但不是一个小说的判断。这和帕维奇的《哈扎尔辞典》开头，感觉是不同的。

你在作品的一开头，基本上所有的信息都交代了。

以《中性》为例，“我出生两次：第一次，是个女孩，一九六〇年一月在底特律的一个无烟日出生；第二次，一名少年，在密歇根托斯基的一家急诊室里，那是一九七四年八月”。

五百多页的一本厚小说，所有故事都囊括在这个开头里，基本上没有逃脱这个范围。这是现在比较流行的一种写法。

在我大学时期，加西亚·马尔克斯的长篇小说《百年孤独》的开头，是我们最熟悉、最喜爱、最无法摆脱的一个咒语：“多年以后，奥雷连诺上校站在行刑队面前，准会想起父亲带他去参观冰块的那个遥远的下午。”

有一段时间，每次我提起笔来试图往稿纸里写字时，脑子就被这句话纠缠住了，一时思维混乱，不知道怎么理顺，就像是被这句话绊了一跤，摔了一个四脚朝天。通常是非常苦恼地写了一整页之后，发现全都是《百年孤独》的句子，不得不痛心地撕掉。那时还没有个人电脑，我们确实是用笔在稿纸上写作，那种一页页撕掉的感觉，真是如同约翰·厄普代克《马人》写的中箭老师。

第三节　语言的节奏

语言的节奏有快慢之分。刚才大家看到的这些开头都是快节奏的，没有慢节奏。不过我还给你们准备了两个材料。大家一起来看一下。

这是刚刚收到的一个投稿。文章的开头是这样的：

材料二：

望着一辆地铁，带着满满的风呼啸而来，吹起人们零星的碎发。然后短暂停留，又带走了风，消失在黑色的、未知的洞穴中，就像是一只永不疲惫的野兽。

你有穿越过，这个万人涌动的人潮吗？然后站在，我所在的位置，望着地铁，这么来来去去的，感觉自己随时会消失。在这奔腾不息的时光里，在人生最黑暗的谷底，有那么几刻，想一跃而下，让地铁这只野兽一碾而过，一切苦难，就都烟消云散了。

这是二十八年里，最黑色的夜晚，我无处可去，就坐在地铁站厅，最角落的位置，那个硬邦邦的座椅上，止不住地流眼泪。旁若无人地，不知道哭了多久。直到再也没有力气流下任何一滴眼泪，两眼酸痛，仿佛都能渗出血来。又坐了好一会儿，等抽泣声渐渐平缓，包里保温杯的水还是温热的，喝下一口，准备起身离开，有些恍惚地看了看时间，已近午夜，喧哗的人群早已离去，人潮褪去的站厅，像是一只空空的罐子，了无生气。昏沉的大脑，终于回到现实，苦涩随着眼泪的离去，淡了一点点，而后便是无尽的虚脱感。

忽然地铁站远处，传来清脆的响声。我望见一位盲人，缓缓走来，他发白如雪，穿着一身笔挺黑衣，油亮的拐杖敲击着地面，上面像是长着一双眼睛，带领着他前行。

他嚷嚷着问："有人吗？能告诉我到攀罗是往哪个方向吗？"

我看见不远处有地铁站的工作人员，他会提供帮助的，所以并没有回答，望了一眼指示牌，离最后一班列车，还有十分钟。于是我上了洗手间。出来的时候，看见他已摔倒在地上。偌大的地铁站，仿佛所有的人都已消失。他一边呻吟，一边呼救，只是声音太小，如果离他再远一点，恐怕很难听见了。

这是一位年轻的女作家写的。我跟她谈修改意见时说，这个开头的节奏不强，效率不高。

刚有同学说这个开头里全是废话。不能说全是废话，确实是废话比较多。

这么一大段，意思就是一句话：我想死。

我跟她在微信上讨论了很久。

我说这开头我是很不满意的，你就是想表达你想死呗，那就直接写。她说那我接着怎么写啊。我说很简单，如果是我，就这样写："二十八列地铁都开过了，只有最后一个机会。十一点二十九分的最后一班地铁正在驶来，我必须完成人生中的最后一跃。"

同学们说这有王家卫的感觉。

如果让你们把前面的一大段重新整理一下，修改一下，你们会怎么开头？

刚才说到语言的快节奏和慢节奏。这位青年女作家的一大段语言节奏很慢。"我想死"，则是节奏飞快的。

快就是信息比大，慢就是信息比小。

你用了很多很多字，表达出来的意思就是"我想死"，这个信息量就是很少的，这样也不够有吸引力。对于一名读者来说，忙于在你这一大段文字里寻找你的中心意图，想知道你想干什么，是效率极低的。效率高的文字，则是读者只看了一句话，却得到一整段的信息浓度。

对于一段文字而言，如何达到节奏的平衡，以及你想表达的核心内容需要用多少字、多少行、多少段来呈现出来，这都是非常重要的写作技巧。

由此而引申出来的，是表达的高效率和低效率。

你把所有有效的信息都压缩在一起，这就是高效表达。

但不是所有情况下都需要高效率的表达。

我给大家读一篇据说得过世界大奖的超微短篇小说。

最后一个地球人坐在家里。

突然，传来了敲门声。

这篇小说就是高效率表达。

短短两句话，呈现出一个庞大而诡异的场景：为什么是最后一个地球人？最后一个地球人怎么听见了敲门声？是谁在敲门？是上帝？是外星人？是鬼魂？是野狗？还是他自己的幻觉？所有这一切，作者都不写，只是写了敲门声，中间全都浓缩了，爆发力超大。

这是高效率表达的最好例子。

有同学问到了两个问题。我们一起来探讨一下。

问题一：为什么写作一定要节奏快？可不可以慢一点？

对这个问题，同学们有没有自己的看法？

节奏是要快一点还是慢一点？是快的好还是慢的好？

这个问题我原来没想到，但提出来了我觉得很值得研究。你们觉得为什么要信息量大，要高效，节奏感要强？我刚才并没有强调一定要快节奏，我只是说表达有两种节奏。之前二十条世界名著的开头，全是高效率表达。刚才那篇作品是低效率表达。

为什么要高效率，或者说为什么要低效率，我认为这不完全有数学定律存在，而是要跟文体、风格、趣味有关。有的作家一开始就定好基调，再慢慢往下写。有的作家则带着读者探险，如搭乘过山车，惊叫不断。

人类语言信息传递，分有效信息和无效信息。

有时候，你看了一大段文字，传递的都是无效信息。无效信息在文学里会造成如何的情况，暂且不表。以问路为例，你在一个路口问一位大姐，去黄杨路怎么走？大姐就说往前走，再往前走，然后左转弯、左转弯，再左转弯，再走五百米看到一棵很大的树，就快到了。

假设听到这么复杂的表达，你的判断是什么？可不可以跟着这位大姐的指示，有效地到达黄杨路？我觉得很难。从问路指路这个角度来看，表达信息清晰非常重要，否则可能会走很多冤枉路。

我开车经常碰到指示信号看不懂的情况。

刚才过来，看到中环线上有个标语是："违章拍照"。我看懂了字，也明白意思，但我觉得有问题：是车辆违章了会被拍照呢，还是拍照本身是违章的？从生活常识去分析，我们大概会知道意思是驾车违章的话，就会被管理部门拍照。

我还常常被导航地图的语音解说误导，比如在某处上高架时，要到前方路口了，语音提示说："走中间岔路。"这是什么意思？其实是"走中间匝道口上高架"。"上高架"是最重要的信息，可是导航地图却没有说出来，说了一堆"走中间岔路"之类的废话。高效率，准确表达，要找出这句话的关键词先说出来，其他词是次要的，则尽量压缩或者省略。

一个不准确的导航语音真会把你气炸的，而且确实是耽误事。

所以，在应用技术的信息传递中，准确性是最重要的。

2015年我编发了一组散文，纪念抗日战争胜利七十周年。有一篇崔永元团队撰写的稿子，是关于"中原大战"的非虚构文章。其中讲到当时各个师、团之间信息不畅，东突、西突经常搞错，而造成重大的失误，甚至一个师长也因此牺牲了。

语言传递的准确性，在日常生活中很重要。

今后你们中也有人可能加入电影制作团队，你们会发现，导演也好，制片人也好，对人物对话的每一个字，都会进行仔细推敲。电影时间是限定的，空间非常有限，跟小说不同。你可以用二十分钟读一部小说，也可以用二十个小时读一部小说。电影不同，电影有固定的时间，一个半小时、两个小时，或两个半小时，而且"翻页"速度也是平均的，因此每一帧都不应该浪费。

最有效、最强有力的传递，是语言携带高信息量。

《哈利·波特》第一章写了德思礼一家，写了邓布利多校长和麦格教授对话，写巨人海格开摩托车送小哈利，分麻瓜德思礼一家和魔法师邓布利多两条线展开来写，一开始就形成反差：麻瓜不相信魔法，魔法师却要把小哈利送到他们家。这个开头发生在伏地魔被哈利特殊的爱的魔力击溃后，这时，魔法界已经遭受过一次浩劫，很多魔法师被伏地魔杀害，整个魔法界几乎被伏地魔控制，连哈利的父母亲，也被伏地魔杀死了。这些背景信息，罗琳都没有直接写出来，而是通过间接的方式，如德思礼先生在路上遇见魔法师在庆贺，麦格教授问邓布利多校长是不是伏地魔真的“走了”等等，又埋下一个很重要的伏笔：听说伏地魔是被小哈利击溃的。这怎么可能？伏地魔杀死了多少魔力高超的魔法师啊，而小哈利只是一个婴儿，他凭什么能击溃几乎是法力无边的伏地魔？这个疑问成了一个很重要的线索，一直贯穿到了整个七部曲的最后。这也是现代小说写作中，很棒的一种伏线的铺设方法。

哈利·波特作为一个小婴儿，为何要送到德思礼家里保护起来？我原来不明白，问了小朋友才知道，原来哈利·波特一家被施了一个强大的血缘咒，有血缘关系的人才能保护哈利·波特。

这部小说的开头，发生在一件大事结束后，等于埋了一大堆重要的信息在背后，今后随时都可以拿出来用一下，非常方便。

这种开头，是“隐含风暴”的开头，邓布利多校长和麦格教授的谈话后面，藏着丰富的内容。

希区柯克是悬念电影大师，他曾专门谈到过什么叫悬念。

他说悬念就是，有一个定时炸弹放在理发师的椅子下面，顾客仰躺着，理发师在给他刮胡子，这时椅子下面的炸弹在“滴滴”地响着。观众们都知道有一个定时炸弹，而理发师和顾客不知道，真是让观众们提心吊胆，担心死了。这就叫悬念。炸弹会不会爆炸？理发师和顾客两人的命运如何？太令人紧张了。最值得举例的一部电影是基努·李维斯主演的大片《生死时速》。退休警官培恩曾设计绑架十三个人质，勒索一大笔赎金，李维斯饰演的警探杰克和搭档哈罗德挫败了培恩的阴谋，但培恩却逃脱了，并再次设计了一个更为可怕的报复行动：他在汽车上装了高性能炸弹，只要汽车时速高于五十英里（约80.4千米），便会激活炸弹，其后汽车时速不能低于五十英里，不然就会爆炸。我们的主角杰克登上这辆大巴时，发现大巴时速已经超过了五十英里，不能停下来了。之前登上大巴的还有围观群众、著名影星桑德拉·布洛克饰演的安妮，在司机于混乱中中弹受伤后，安妮代替司机在街头驾驶疯狂的大巴。

这部电影最核心的结构在于：大巴不能停下来，必须维持在时速五十英里以上，因此在所到之处引起了一片片混乱，整座城市似乎都被这辆大巴所控制，我们作为观众也似乎乘上了这辆疯狂行驶的大巴。

在这样的紧急状态下，神勇无敌大警探杰克如何排除万难，最终挽救包括女主角桑德拉·布洛克在内的所有乘客？

这就是悬念：炸弹没有拆除，悬念就没有结束。

导演和剧组更坏的招数还在后面：坏蛋培恩逃脱了警察围捕，还在紧急状态下劫持了刚刚逃脱疯狂大巴困境的安妮。我们刚刚落在原位的心脏，现在急速地往脚底下坠落。

快节奏或慢节奏，还不仅仅是信息浓度和准确性问题。

有人会说，我就要用慢节奏来写作，而且也能达到高信息浓度。

确实，也许可以。

日裔英国作家石黑一雄就有这种本事，他的名作《长日留痕》曾获得 1989 年英国布克奖，写典型的英式管家的“慢生活”，同时，小说的语言节奏也是相对慢的。对于叙事的控制，主要依靠作家对人物的生动描述和对细节的准确呈现来达到。的确，他的写作在“慢”中藏有整个大英帝国的庞大身影，因此信息浓度不低，同样引人浮想联翩，激发阅读的动力。

今天我们都身处高频信息传播社会，通过微博微信等手段获取了大量的碎片知识，其中 99% 是无效的信息，是无法进入叙事的，也无法进入“常记忆”中。这些信息来得多么猛烈，就去得多么迅速。明天早上一醒来，昨天看过的消息就全部遗忘了，不管是什么花边新闻，什么炒作，都来得快去得更快。

碎片信息为什么不能形成高效信息呢？因为没有得到有效的整合。

假设我们拟了一个线索，构思了一个主题，要研究人工智能问题，于是我们在信息海洋中，就有了一个“灯塔”指引我们的航向。我们可以订阅人工智能相关的专业杂志，订阅人工智能专业公众号，跟踪人工智能大公司和大佬在推特上的消息，这样不断地集中，让无数看似散乱的信息分类流入我们的信息蓄水池中，形成一个类型明显的信息集装箱。这些信息，就能为我们所用了。

因为人人都有手机，人人都或多或少地在留下自己的定位信息、消费信息等，每个人都成了信息生产者，大数据技术应用现在也是热点。

通过具体的分析追踪，大数据能不断地研究人类生活习惯和消费习惯等，越来越精准地定位和推送相关信息给消费者。对于自由经济社会的政府来说，则可以依据大数据的综合分析，来更加有效更加精准地了解社会状况。例如，教育状况、医疗状况、生活消费状况都可以得到比较精准的归纳和分析。跟我关系最密切的大数据推送之一是购书网站。当你购买了某本书后，网站会立即显示：“购买这本书的读者，也会经常购买以下的书籍。”

本来我不是很看重这种推送，但是慢慢地就被挖坑了——只要你忍不住好奇，点进去，你就陷入了书籍的海洋中，不挣扎个把小时，都爬不出来。

在这个时代，写作是最好的学习方法，通过写作可以整合这些碎片信息，而让自己成为某一个信息集团的专业人士。在整合它们的过程中，你会有取有舍，一旦有取有舍，就不一样了。

我把这称为：写作虹吸知识。

问题二：地铁那段文字中为什么有那么多逗号和那么多形容词？

刚才我分析了一部分，现在可以再来回顾一下这段话。

再读一遍，会发现作家的表达是低效的。

第一段话是表达“我想死”，第二段是表达“我还没死”，第三段是来了个“盲人”。

不说好不好，但这是低效率表达。

这里还有一个不合理的描述：

> 我看见不远处有地铁站的工作人员，他会提供帮助的，所以并没有回答。望了一眼指示牌，离最后一班列车还有十分钟。于是我上了洗手间，出来的时候，看见他已经摔倒在地上，偌大的地铁站，仿佛所有的人群已消失。他一边呻吟，一边呼救，只是声音太小，如果再离他远一点，恐怕很难听见了。

这句话所表现的内容不够合理：上个洗手间，人们都不见了，很奇怪，不合实际的状况——没说是来了一辆地铁，大家都上地铁走了。

这部小说接着往下看，你会知道这个摔倒的盲人是不死的魔法师，他知道女孩的一切命运。在女孩陪他坐了一程相反方向的地铁后，魔法师告诉了她未来的命运。

小说的结尾是这样的：

> “不好意思，我们坐反了方向，这一路会很漫长。”我对他说。

这篇小说速度很慢，信息量很少。

一天，想死没死成的“我”，碰到了一个不死的魔法师盲人。盲人告诉“我”，一切命运都已注定：“从现在开始从我嘴里说出的一切，就是你将来的命运。”

低效率表达，就是一长段对话或者描写，传递的有效内容少。

写了那么长，只是写到了等车碰到了一个盲人这样一件事。

第四节 细节和人物行动

我给大家布置的第三课作业是《花开》。

我才看了一篇，黄永嘉同学写的。

《花开》题目很简单，实际上，越简单的题目越难写。但是我有两个要求，一个是意识流，一个是对花开的描述不要用色彩缤纷、五颜六色这种词汇。黄同学写得非常好，里面还调侃了我，由花开想到了叶开。

这很好。做我布置的作文，你们可以尽量放开，不要有那么多心理负担。

在第一节课一开始，我就跟你们说了，要释放，要表达，要打破限制。

黄同学的散文有强烈的故事性：有转折，转折非常大。

我们接下来看一下萧红的短篇小说《小城三月》的开头。

材料三：

三月的原野已经绿了，像地衣那样绿，透出在这里，那里。郊原上的草，是必须转折了好几个弯儿才能钻出地面的，草儿头上还顶着那胀破了种粒的壳，发出一寸多高的芽子，欣幸的钻出了土皮。放牛的孩子，在掀起了墙脚片下面的瓦片时，找到了一片草芽了，孩子们到家里告诉妈妈，说："今天草芽出土了！"妈妈惊喜的说："那一定是向阳的地方！"抢根菜的白色的圆石似的籽儿在地上滚着，野孩子一升一斗的在拾。蒲公英发芽了，羊咩咩的叫，乌鸦绕着杨树林子飞，天气一天暖似一天，日子一寸一寸的都有意思。杨花满天照地的飞，像棉花似的。人们出门都是用手捉着，杨花挂着他了。

草和牛粪都横在道上，放散着强烈的气味，远远的有用石子打船的声音，空空……的大响传来。

河冰发了，冰块顶着冰块，苦闷的又奔放的向下流。乌鸦站在冰块上寻觅小鱼吃，或者是还在冬眠的青蛙。

天气突然的热起来，说是“二八月，小阳春”，自然冷天气还是要来的，但是这几天可热了。春天带着强烈的呼唤从这头走到那头……

小城里被杨花给装满了，在榆树还没变黄之前，大街小巷到处飞着，像纷纷落下的雪块……

春来了，人人像久久等待着一个大暴动，今天夜里就要举行，人人带着犯罪的心情，想参加到解放的尝试……春吹到每个人的心坎，带着呼唤，带着蛊惑……

我有一个姨，和我的堂哥哥大概是恋爱了。

——萧红《小城三月》

这个小说的开头，被收在了人教版五年级语文教材里作为散文，叫《三月的原野》，上面这段开头倒数第二段的一句话被删掉了——“春来了，人人像久久等待着一个大暴动，今天夜里就要举行，人人带着犯罪的心情，想参加到解放的尝试……”

这句话在小说原文中，是起着关键作用的。

萧红描写了那么多春天的细节，为的就是引出这一句话：“我有一个姨，和我的堂哥哥大概是恋爱了。”如果没有上面那句话，这句话就突兀了，不合理了。

这里讲的可能是农历的三月，也就是阳历的四月。东北的四月份，尤其是黑龙江那一带，四月底还是冰封，江面还没有化冰。这里讲了一个原野变绿的过程，写得非常长，是一个相对慢节奏的过程。

这是萧红写在二十世纪三十年代初的一个作品。她的一个姨，大她若干岁，叫翠姨。翠姨和堂哥谈恋爱了，在当时的背景下，是一个大事情，比春天到来还大，所以，翠姨只能闷在心里，不能说出去。即使他们谈恋爱了，也不能公开。文章前面写了春天，写了那么那么多词，写“人人像久久等待着一个大暴动”。这里把“春天”和“暴动”这两个性质差别很大的词语放在了一起。我们一般会说，“焰火”“爆炸”可能跟“暴动”更紧密一点，“春天”离得比较远。然后，她的姨和堂哥可能是恋爱了，这是第三者“我”观察出来的，别人还不一定知道。那时候，男女之间关系还比较复杂。

这样的一个春天是非常特别的，不像以前的春天那么柔和、渐渐地来。你们都读过朱自清的《春》。朱自清笔下的春天和萧红笔下的春天，性质完全不一样。朱自清的是抒情，而萧红的春天是暴动。因为八竿子打不到一起的两个人要谈恋爱了，将在小城里闹出非常大的事件。

最后，翠姨还是郁郁寡欢，得病死了。

材料四：

后花园里五月里就开花的，六月里就结果子，黄瓜、茄子、玉蜀黍、大芸豆、冬瓜、西瓜、西红柿，还有爬着蔓子的倭瓜。这倭瓜秧往往会爬到墙头上去，而后从墙头它出去了，出到院子外边去了。

就向着大街，这倭瓜蔓上开了一朵大黄花。

正临着这热闹闹的后花园，有一座冷清清的黑洞洞的磨坊，磨坊的后窗子就向着后花园。刚巧沿着窗外的一排种的是黄瓜。这黄瓜虽然不是倭瓜，但同样会爬蔓子的。于是就在磨坊的窗棂上开了花，而且巧妙地结了果子。

这是萧红的另一个短篇小说《后花园》。她描写的那些植物，“黄瓜、茄子、玉蜀黍、大芸豆、冬瓜、西瓜、西红柿，还有爬着蔓子的倭瓜”，是在五月份“暴动”的。她把后院的花、农作物写得如此猛烈，事实上后来她描写了什么人呢？写的是一个一生都没有走出磨坊的磨倌。这个磨倌的一生还没有黄瓜和茄子有价值，起码这些后花园的作物在五月还“暴动”过一回。

磨倌一生不动，一生无声无息。

这个反差是非常非常大的。

在萧红的作品里，这个慢节奏的叙事，实际上是要把后面的猛烈情节反衬出来。

这是中国现代小说写作中很有特点的表达方式。

第五节　景色描写

上次布置了《花开》，就面临着一个景色描写的问题。景色描写、景物描写的原则是什么？

一个景点原则是：由远及近。

《平凡的世界》的作者路遥有一部成名作叫《人生》，后来拍成电影非常轰动。在《人生》中，路遥描写黄土高原上的景物时，严格按照了传统透视法来表现。他首先描写了遥远黄土高原的整体景观，然后描写高原上的树木、庄稼，接着写庄稼旁边的小路、村庄，由远及近，从大写到小，再由景写到人。

传统小说对景物描写的要求，要前后有致、大小错落。到了今天，作家已经不满足于这种脱离人物心理的纯粹景物描写了。在小说中，景色描写大量地消失了。

巴尔扎克创作《高老头》时，大段地描写巴黎的街道、人物、邻居、作坊等等，写了三页纸才写到主角。今天的小说为什么不再采用这样的方法？这是为什么？一个原因是用语言描写景色，无法如照相机和电影一样直接有效。照相机、电影、电视的出现，使文学作品中描述风景的段落越来越少，使之转向更深入的心理状态描写。

日裔英国作家石黑一雄在接受《纽约客》记者采访时说："在当今这个世界中写作，是要把握存在于人们头脑中的事物。有时是要削弱，有时是要运用。我们今天不必像维多利亚时代的小说家那样描写地点和场景。……我完全不觉得写作环境险恶，我很高兴在一个电影、广告和其他影像盛行的世界中创作小说。"

所以，现在的写作原则，更多是：景色描写与人物心理一致。

心理描写跟意识流有关。

我们的心理意识是什么？我们内心的隐蔽是什么？如何处理人与人之间的关系？这是景色描写转化为内心纠结的一个重要特点。如果你不能把外在的景色和内心结合在一起，那么，你的节奏就是慢的，就无法有效地把读者带入场景。

刚才的材料二，假设一开头就写女孩："我要去死了。我数过了从我身边开过的地铁，上行下行有二十八趟之多。人从我身边走过，来来往往的，没有一个人看过我一眼。"

这样写地铁景色，就和她的内心纠结发生联系了。她想死，眼睛看到的外在世界与普通人是不一样的。

然而，这就是地铁特有的冷漠。

前段时间看过一个视频，一个著名的女提琴家在地铁站台上拉小提琴，但是没有一个人注意到她，没有一个人对她表示出兴趣。

这是一个很有意思的实验，实际上，每个人在地铁上，都是孤独的。

假设这样的一段心理描写放在前面，那么周边的人、环境就是跟你的心理有关的。

我们可以把这个作为很重要的技巧：景色描写与心理一致，并成为心理投射的一部分。

一个绝望而试图自杀的少女，在冷漠的地铁与"盲人"相遇，两个人物的心理活动是不一样的。

中文有一个词叫"心怀鬼胎"，还有常说的"知人知面不知心""画虎画皮难画骨"。我们的同学有高的矮的胖的瘦的，这样描述非常容易，但是更容易的是拍一段视频，一目了然。然而，每个同学的不同的内心，是很难用图像来表达的，这时用文字表达反而占优势了。

好莱坞大片的开头，人物出场的时候一般都有一段追踪。

在《碟中谍 2》开头时，影片用空中遥拍镜头来表现主角汤姆·克鲁斯徒手攀岩，由远及近，这是描写这位特工与众不同的坚韧和强悍的人物形象的一种很典型的方式。这不是简单的开头，镜头移动交代非常讲究。《碟中谍 5》开头更牛，居然是汤姆·克鲁斯徒手扒上高速飞行的运输飞机。

类似这样的大片，艺术上可回味之处不多，成也萧何败也萧何，因为速度太快了。

但开头是很重要的。这个人物一出来，人物性格首先就要确定——汤姆·克鲁斯是动作敏捷、跑得飞快的打不死的小强。这样的一个强悍人物，一分钟之内就塑造完成了。

《碟中谍》也好，《007》也好，男主角和女主角出场，每一次怀揣的秘密都是不一样的。《007：大战皇家赌场》中，女特工怀有出乎意料的任务，上司要求她随时监视 007。这样，与之前的女主角都不一样，现在的邦德女郎，不再是绣花枕头了，她有自己的独自行动轨迹。

人物的不同心理设定会形成大张力，也决定了语言是否高效。

景色的描写，不能只描写景色。刚才说到的徒手攀岩，就是一个有人的风景，就是要告诉你，这哥儿们与众不同，一个人孤独地在攀岩。这不是单独的景色描写，而是融入了人，带入了人性。

我们在写《花开》这篇文章时，可以写花开，也可以写花不开，写开过了，或花开等于没开——因为你没心情，你对花开一点兴趣都没有。

在写作时，一切走向都跟写作者的心情密切相关。如果结合人物心理描写，景物就有强烈的故事推动力；不结合的话，故事就会显得单调。

有同学说，我拿到了“花开”这个题目，然后就去看花，看看哪儿也没有，走了一圈回来了。这样写可以吗？我觉得可以的，只是有一点遗憾，你脱离了我的要求。我要求你们专门写一段开花的过程，是希望通过这次写作，看你们的细节描写能力。

花是怎么开的，什么样的花，在什么样的季节、什么样的时刻，在你面前盛开了，这些细节都是很重要的。修改时要用特别的情节调整故事，推动情节的发展。

作业：

我与一位在德国的朋友通信，不知道怎么谈到了城市里的小动物。她说，德国人保护动物意识很强，导致城市里小动物泛滥。一些城市里，狐狸和浣熊大摇大摆地在街道上晃来晃去，完全不怕人。有些别墅主人常常会发现浣熊或者狐狸光临自己的后院，还有人在地下室里发现了调皮的浣熊。

请以城市里的动物为内容，写一篇动物小说。

要点：注意写出城市里动物的与众不同的特点，通过动物观察人类社会，反思人类社会，也可以表达环保的观念。

字数：2500 字。

第五讲　如何写说理性文章

一篇文章，它和我们人的肌体一样是有机的，自己的语言跟抄来的语言不一样，有排异特性。语感和手感是一样的。

这一周，天气反复无常。落叶到处都是，心情忽好忽坏。

我花了两个周末拜读你们每个同学写的两篇文章。一篇是写“AlphaGo”，另一篇是写“花开”。大家写得都不太好，跟第一篇改写《昆仑奴》给我的印象完全不一样，让我大跌眼镜。

今天我要着重花时间说这两次作业的问题。

第一节　说理性文章

我第二周布置的作业是“AlphaGo和人工智能”。关于这篇作业基本的要求，我想你们应该还记得。

一、资料整合

很多同学都去百度上搜资料，有的同学把网上的东西原封不动地粘贴到word上，连超链接都没有取消。这种写作态度，我认为是不认真的，这么做也是不必要的。

在我的写作课中，我认为这样马马虎虎应付，不如不写。

什么叫资料整合？同一个主题起码要找到三个以上的资料，才算整合。正面的、反面的、中性的，各种不同的资料，你要有效地获取不同人的态度、不同人的资料，而不是在百度上搜了，拷贝下来。你要在看了这些资料以后，用自己的话把这个事实表述出来。这才是资料的整合。

我一共收到十八篇文章，只有两个人的开头是自己构思写出来的。

其他十六位同学的开头都是对 AlphaGo 的定义，内容几乎都是一样的。

我们现在要强调，开头都一样，是无效的写作。

在布置作业时我讲过，要先讲事件、讲比赛，然后再讲AlphaGo的横空出世——这时可以引入我们在网上搜索到的资料。但是除非是重要数据的引用，否则不能直接大段粘贴过来，而是要转化为自己的语言写出来。

当我们要写这种论述文章时，要思考一些基本问题：AlphaGo 这个事件为什么影响如此之大？为什么全世界都在关注它？世界上每天发生很多事，林林总总，天灾人祸。现在人们每天都受制于微信、微博，被海量小道消息、花边八卦浪费大量的时间。为什么人工智能 AlphaGo 和韩国第一围棋高手李世石下围棋会这么受人关注？要解答这些问题，就要先把相关资料找出来。

第一步，找新闻报道知道人工智能围棋赛的大概过程；

第二步，了解 AlphaGo 的前世今生；

第三步，搜索微信、微博上相关专业大V们对这次围棋决战的评价；

第四步，搜索人工智能专家对此的观点；

第五步，找出这个事件的关键核心：人工智能到底会不会消灭人类？

第六步，形成自己对人工智能这个问题的观点。

在开始写作时，可以简要概括这个新闻的核心：前几天，人工智能 AlphaGo 和韩国围棋第一高手李世石的五番围棋大赛，吸引了全世界的注意力（不要用“牵动人们的心弦”这种表达）。你要有自己的判断：人工智能会消灭人类，或，人工智能不会消灭人类。为何？提供自己的思考和相关证据。

这就是写一篇重要“时文”的基本路径。

这种“时文”不是各位在语文教材上熟悉的说明文、记叙文，而是一种综合性文体，可以叫作“说理文”。这种“时文体”在现在互联网深入发展的时期，具有非常高的实用性，尤其是写微信公众号文章，写各种报纸的时评，都需要有这种写作能力。甚至，在每一个人的具体工作中，“说理文”都有着超高的实用性。例如，你去 TED 演讲，围绕着某个主题，要有自己的观点，要有合适的证据，要有基本逻辑论证，还要有一点点幽默，有时加点自嘲来带动或者渲染气氛。这也是非常标准的“说理文”写作。

通过撰写 AlphaGo 相关的这篇文章，你会发现锻炼有逻辑地提出自己的观点，是多么重要的一种技能。你要谈自己的观点，并用有效的证据来证明自己的观点。

二、事实陈述

大家今后在工作、学习或者说做一件事情时的基本面，都是讲述一个事实，传递给你的听众、你的读者、你的第三方（合作伙伴等）。

不要用花哨的语言，不要太多华而不实的修辞手法，要谨记你是在陈述事实，把事情说清楚比什么都重要。

我们现在梳理一下：李世石和 AlphaGo 要进行五番围棋决赛，奖金多少，地点在哪里，有什么突出的意义，为何引起众多媒体的围观，这些事实讲出来以后，再归纳引起这么大轰动的真正原因，然后谈到人工智能正在飞速发展的现状，并找出 AlphaGo 与其他人工智能的不同之处。

有不少同学找到早期 IBM 的人工智能“深蓝”在 1997 年击败国际象棋冠军卡斯帕罗夫的例子。这个资料非常好，说明人工智能一直在发展，一直在试图突破人类思考、人类智慧的极限。过去，人们不大相信人工智能在这么短时间内能击败人类。围棋更加复杂，需要更多的直觉，需要大局观，需要判断力和决断力，这被称为人类智力的最后一道防线。然而，人工智能 AlphaGo 轻松地击败了李世石，这是人工智能在挑战人类智慧的底线。

也有同学找到其他资料，证明人工智能仅仅是单项能力——如运算能力——终将超过人类，在数据的运用整合上、思考上、情感上跟人类有所不同，但人类特有的那些突发性的、情感性的、直觉性的能力，是今天的人工智能还达不到的。

整个资料整合起来以后，需要形成你自己陈述的意见。

同学们在结尾时分成两种态度：一种是认为人工智能不可能取代人类；另一种认为人工智能可能会取代人类。

在表达这两种态度之前，需要有一个逻辑。

事实陈述，就是把李世石和 AlphaGo 之间比赛围棋的前因后果、时间地点讲出来，不带情感，不用花哨语言，不谈花边新闻，也不主动站队。

有的同学写得非常好，他讲到了李世石赛后接受记者采访时提出的一个观点。李世石认为人工智能也有弱点，虽然他接连输了两盘。这是事实陈述以后的发挥，但这是有效的发挥。

事实陈述之后，是观点的有效推演。事实陈述的训练，目前中小学做得比较少，不过有些语文老师也开始注意到这个问题了。

今后在写作和阅读上，中小学语文要更加重视事实陈述和逻辑推演能力的培养，这些能力会体现在你们今后任何一篇报告和论述中。

学历史、学地理、学化学、学生物，都需要严密的陈述和推演能力。

建立在事实陈述和有效推演的基础上，每位同学打好自己的写作基础，做人要诚实、知识要扎实，这样才能从容地立于不败之地。

在事实陈述上，一定要根据事实说话。写文章的基本伦理、文章的内在逻辑本来就是这样的。

三、归纳总结

归纳和总结建立在事实陈述基础上。

今后上大学做论文时，你们要去寻找很多资料，跟我给你们布置作业的这个要求比，那是难多了。起码，你们今后在本科生、在硕士生、在博士生的求学生涯中，要阅读海量的资料，要做海量的实验，然后在这基础上，你慢慢沉淀，形成自己的知识优选库，构建自己的知识独特性，今后你就可能有创造性贡献。

我这里布置的作业，你可能认为可以从百度上拷一下、拼凑一下对付我。但我建议你们从现在开始改变态度。资料获取要尽量充分，尽量完善。一般来讲，要寻找正反面和居中的三种不同资料来看。好的、坏的、不痛不痒的，都要看，看完之后，会得出与你的思考比较贴近的一个思考，这些资料就成了你消化过的有效资料。

这才是正确的“归纳”路径——搜集、消化、思考、总结。

在谈人工智能和人类未来的时候，不是去虚构，而是表达自己的观点。

这种写作，在今后你们的生活、工作中，时时都会用到。不管是看网络上的文章也好，看期刊也好，都会经常看到。

四、引用规范

文章写好后，要有一个逐步修改的过程，一遍两遍三四遍，都有可能。

包括取标题，调整段落、格式等方面，都要注意。有些同学抄资料抄得不严肃，超链接还在，太不讲究了。一点就知道从哪来的，更何况不用超链接我也能看出你是抄来的。

一篇文章，它和我们人的肌体一样是有机的，自己的语言跟抄来的语言不一样，有排异特性。

语感和手感是一样的。

我们谈论篮球、排球、乒乓球时，任何理论都是第二手的，只有你亲自去投篮才能知道。比如打乒乓球，教练怎么跟你说下旋球、弧圈球都没有用，你只有拿着乒乓球拍去打，才能体会到那些细微的移动、球与胶拍的敏感接触。

语言也一样。

你只有自己亲自写，慢慢琢磨，找到语感，才知道一句话这样表达和那样表达是不一样的。一篇文章这样写或那样写，传递的态度和效果也完全不同。

我希望你们在引用资料的时候，尽量用自己的语言去整合它，不要把别人的段落直接抄下来。一旦完整使用别人的资料，要用双引号标出来，要坚持标注清楚出处，要注明这话是谁讲的，不能含糊其辞变成你们自己的。今后你们上大学，有论文比对系统，查重率超过30% 就会被判定为抄袭。

我们一定要注意引用规范。所谓规范是，抄的就是抄的，要用双引号引出来，要注明出处，这样也可以给你今后的读者一个索引的路径——比方说这个资料来自百度百科。

严格来讲，目前严肃的论文写作，其资料是不允许引用百度百科的，维基百科也不允许。但你可以通过百度百科和维基百科查到原始资料的出处，然后按图索骥把原始资料的路径标注出来，去找那个原本来研究。

这找到原本的要求，对中学生来讲会比较高，但先有规范引用的意识，也非常重要。在检索论文时，这种不规范的引用也可能会被认定为抄袭。一旦查出就是开除、劝退。

所以要严肃、认真，把它当一件重要事情来看。

五、观点引申

有些写作会要求我们观点独特，论述严密，好像这是很基本的要求似的。

观点的引申，不用特别追求与众不同，不用追求全世界只有自己如此独特。今天你所有的观点，老师所有的观点，独创性连 0.00001% 都不到，甚至有可能一点独创性也没有。

人类文明积累到现在虽然不过仅仅五千年，但是记录在各种介质上的知识资源，已经是海量了。到了互联网时代，每个人都变成了信息和知识的生产者，人类知识量更是飞速更新。有人做过统计，之前三千年文明的知识总量，只需要几个 TB 就装下了，到了互联网时代，过几年就几个 TB，甚至，今后不用几个月，知识总量就超过此前三千年。在这样的海量知识积累之下，要做出一个独一无二的贡献，要得出一个前所未有的观点，那是多么地不容易！

我们都浸泡在各种知识中，不用着急得出一个全世界独一无二的结论。用不着这么着急，也不需要这么大的负担，这只是一篇文章而已。你一生会写很多篇文章，这只是其中的一篇，可能很好，也可能一般。但是我们要记住，观点的引申不得与已知事实有出入，要建立在已知观点的基础上。

如果从抒情性角度来说，碰到兰花，大发感慨，碰到梅雨，大发感慨。相关的感慨，前人早就发过了，而且必定发过无数次。

感慨很难做到独特，抒情也很难。

独特性通常出现在特殊的知识场或者经验过程中。兰花你闻了会感慨它虽然很香，但生命短暂。碰到花，就是春天虽然灿烂，但落英缤纷。你会不断地感慨，简直没完没了地感慨。

南宋大词人辛弃疾有词《丑奴儿·书博山道中壁》云：

少年不识愁滋味，爱上层楼。
爱上层楼，为赋新词强说愁。
而今识尽愁滋味，欲说还休。
欲说还休，却道天凉好个秋。

我希望你们不要强说愁，而是有乐则乐，不必追求说愁——虽然你们处在少年时期。

不要过分追求独特，先学会把个人的真正思考、真实内心想法，把观察事物的真实感受，用准确、自然的语言呈现出来。写作本身，就是存在的价值之一。

第二节　陈述、叙事性写作

第三周的作文题目是“花开”。有些同学文章写得非常好。

首先表扬范骥庆、杨奕磊、吴深深三位同学，你们的三篇文章写得都很好。

从范同学这篇文章里，我知道你是从杭州来的。开头好，结尾也好。开头就说我没见过花开，然后又说杭州最有名的花是桂花。不知道是不是，但写作是可以这么写的。然后，写到自己观察花的经历。范同学讲桂花开花很特别，败得也很特别；讲到成年人都在拍照片，而孩子们的手机却被老师收走了，没有机会发朋友圈。特别打动我的一句话是：“我从来没有看过花开。”

其实大家都是同样的，都没有看过花开。

范同学说出了几乎所有学生的心声。

我刚刚看了一张图片，上面是一群乡村孩子背着书包，神情迷惘。

配文曰：曾经梦想仗剑走天涯，后来作业太多就没去！

我看了，孩子眼神刚毅，身板笔直，假设有条件有机会，也难说不是笑傲江湖之才。

我很被震撼。

“我没见过花开，却见过叶开。”同学们会这么调侃我。

正是因为你们没有看过花开，我才会布置“花开”这个题目。

刚才我表扬范同学，全班只有他一个人写到了桂花。桂花是一种比较特别的花，很香，但一朵朵花很难观察。花不显眼，和叶子挤在一起，来了又去了，只余香味。

我觉得文章非常好，修改一下可以发表。

我再表扬一下吴深深同学。

这次作业中，写树花的很多，而吴同学写的是蒲公英。写蒲公英的有两位同学，另外那位同学还虚构了一个情节，说自己带着妻子去乡下看蒲公英，脑洞太大了。

吴同学写小区长出一棵蒲公英。他去看过，但不知道是什么花，邻居老头告诉他是蒲公英。

这是一个通俗的桥段，可以删掉或者重写，当然不影响这是一篇好作文。不是批评你，而是说下意识地把慈祥老头写出来，是中学生写作中比较常见的。

有一句话写得特别好："蒲公英的边缘如锯齿，从土壤里直接地长出来。"

"从土壤里直接地长出来"写得非常好，打动了我。

我曾专门蹲在田埂上看着两株蒲公英，它们的确是从田里直接长出来的。

杨同学写的是风信子，水培的风信子。

这篇文章符合我的要求。我要求是写得贴实、自然，而不是到九霄云外去种一株花。文章写爸爸妈妈把它买回来，放在水里栽培。过程写得很仔细，说要求要离水有一点点距离，不能直接浸在水里，不然会烂。然后写花如何长出来，写得非常细，我读了也长知识。文章接着写到在公园里看到了土培的风信子，并有一个恰到好处的发挥："写了那么多文字以后，这才回想起来，我还是第一次如此认真地、仔仔细细地去想几株花的花开花落。平时都不一定这么去细细想过。"

是的，写作就是让你把那些不经意的感受，那些观察、体会，那些突然地，或者涓涓细流般地触动你的事物，呈现出来。

很多人无法把日常生活中特殊的瞬间找出来，也无法确定这种瞬间是否有价值。

我选“花开”做题目，希望你们的思考与我有共鸣：我们不必总是焦虑于意义重大与否，写作本身就是有意义的。

“花开”是一个瞬间，这样非常细小、看似没有意义的瞬间，你把它写出来，就是有意义的。

成年人大部分无法进行写作，是因为总在不断地认为自己身边的微小瞬间是无意义的，写下来会是贫乏、无味的。但当你认真观察，仔细去看，这个过程就是有意义的。

曾有科学家做实验，用高倍放大镜去看微生物，发现这些微生物色彩斑斓、极其绚丽。这是人类此前从来没有看到的“现实”——当你用心观察一个事物时，会发现别样的不同。

在座的男同学可以考虑认真地看身边的女同学。

盯着看，看十分钟。不停地看，肯定会看出不同。

当然，你也有可能会被踩一脚。

女同学如果这样看男同学，也有被看作花痴的风险。

因此，注视是一种力量。

注视，使平凡而无序的日常呈现意义。

所以，日常生活中，我们要停顿，要注视，要沉思，要表达，要写作。

你的人生，不能总是匆匆而过。

一、细节呈现

刚才表扬的三位同学，都在描写细节方面有精彩的呈现。

这种呈现，与你的细致观察和认真思考，是密切相关的。

一是观察，二是思考；这二者是密切相关的。

事物的细节，人生的细节，都在观察中慢慢呈现。

观察和思考，都要用直接的语言表达出来。

还有些同学的文章也不错，比方说吴宇琛同学写郁金香。

公园里人多，大家都看郁金香去了。他不好好看花，他往下看，发现郁金香根本不栽培在土里，甚至居然有一堆郁金香悬浮在一块井盖上。这个事实就证明了你原来的判断，就是郁金香原来不是种在公园里，而是从别处移植过来的，造成了一片热闹花海的假象。

这个陈述是很好的，整篇文章也很不错，但有一点我不是很欣赏——很多同学喜欢这么干——就是因此生发出很多感想，对生活、对人生。哎呀，你们被训练得感想太多了。

我这里，不要求那么多感想。

我要求你们写细节，但不要太多的态度和抒情。

我在布置写作任务的时候就说过，可以意识流，但意识流不是感想，只是抓住意识的片断。并不是说写作文不要感想，而是在这篇文章中，我希望训练的是你们对细节的把控能力、不同的观察能力。感想要控制，很多同学动不动就想到社会、人生，想到人生短暂等等。但我不欣赏这样的感想，希望同学们注意这样的问题。

同学们有这种习惯，可能是因为过去语文老师总这么要求，让你们动不动就要发感想。

有一位同学写百合花，居然联想到了“夕阳无限好，只是近黄昏”，还写到了“莫道桑榆晚，为霞尚满天”。这些诗好不好呢？自然很好。可不可以引用呢？自然可以引用。但是，不能为引用而引用。我主张在写文章时，尽量不要引用古诗词，起码不要憋着劲儿一定要找几句名言来给自己提气。

本来细节写得很不错，百合开了，还讲了花蕊，讲到了香气。后来联想得太过，感想太多了，反而不好。

对于一朵花，一棵树，都可以有赞美也有批判。喜欢，也可以不喜欢。比如，可不可以这么写：我不喜欢百合，这花太精致，到了很虚假的地步。一朵花不好好地待在树枝上，发出那么浓的香气干什么？

还有一位同学古文功底好，难免就流露出来。

她写九十岁的太婆喜欢宋词，最后引用的却是《诗经》里的《采薇》。我觉得这里不是很顺。既然喜欢宋词，为什么结尾不引用宋词呢？另外，整篇文章引用太多，有凑字数之嫌。

古文功底好的同学也要注意，不要动辄引用，不能为引用而引用。

今天我们运用现代语言进行表达，要重视语言的准确性。文言文和诗词传统，更多是抒情性的，态度性的，总想着“文以载道”啊，想着以物譬人啊，香草美人啊，云中君啊什么的。屈原可以那么感慨，但是两千五百多年后，我们可以换一种方式了。

我们今天的写作，应该用今天的语言来表达自己的真情实感。

刚才那位古文功底好的同学在文章里写到，太婆喜欢坐在椅子上，看花读宋词。这个细节非常好，可以继续写下去。

也可以写她读秦观的《八六子·倚危亭》：“夜月一帘幽梦，春风十里柔情。”或读读温庭筠的《更漏子·玉炉香》：“梧桐树，三更雨，不道离情正苦。一叶叶、一声声，空阶滴到明。”

宋词非常多，可以搜一下。

从我的观点来讲，我不建议你引用太多宋词，这样反而削弱了你描写与太婆共处时光的美好。一个年轻的女孩和太婆在一起，都不用写你们谈什么，这样的情景就很有意味。你去倒杯水，或者就是陪着她在夕阳下打了个盹儿，这些细节反而是更打动人的。

二、环境背景的对位

细节的呈现，需要环境背景的对位。

具体说，就是要和谐、协调。

什么样的环境、什么样的背景，要跟什么样的描写相协调。假设刚才那篇文章里，太婆一跃而起、腾飞三丈，那就和整体不协调了。当然你设定她是灭绝师太，一剑能刺穿千里之外敌人的心脏，另当别论。

很巧，有位同学就是这么写的。他写了一篇关于永生花和幽冥公子的虚构小说。作为一篇玄幻小说，想法很好，但是不符合我的要求。我们在写作的时候，一定会有一个情景设定、环境设定，这是一定要跟你的细节相匹配的，不匹配就是不讲究。

仍以《寻秦记》为例，作家黄易在写项少龙穿越时用了一章的篇幅，各种限定很明确，写得很讲究。科学家告诉他，现在的技术只能穿过去，不满足特定条件不能回来。各种可能都坐实了，不能反悔了，这才让不愿意在现代生活的项少龙穿越到战国末年。

用现在我们的科学认知来讲，穿越什么的显然是假的，项少龙不可能穿越到古代去改变历史。我们今天还看不到这种技术的可能性，虽然大科学家霍金认为时间旅行是可能的。不管如何，文学创造出来的是一种虚拟真实。这种创造的现实，从逻辑上说也是现实的一种，起码是我们用想象的现实来进入日常现实，并且很有可能改变日常现实。例如，有人梦见自己突然发财了，去买了一块地，建造了一幢别墅，实现了自己的梦想。他醒来，可能是叹了一口气，回到现实的日常琐事中；也可以干脆为实现自己的梦想，辞职走天涯闯天下，没想到创办了一家共享企业，成了“独角兽”，真的发了大财，真的实现了建一幢梦想别墅的愿望。

很多时候，一个梦想、一个愿望的推动，真的可能改变现实。

现在 VR 的概念特别流行，可见，虚拟的现实也是现实的一种。但是，它的环境和周边设定是有关系的，是一致的。

三、人物之间的关系比例

非虚构类的作品，也要强调人物之间的关系配比。

因相对较为封闭的学校教育环境所限，中小学生每天上课、做作业，忙得不得了，接触学校之外的现实生活的时间很少。写作中较为频繁地出现父亲、母亲等家人很正常，没什么不妥的。父亲、母亲、爷爷、奶奶是大家日常生活的核心人物，这些人物加上我们的同学、老师，就构成了整个现实世界的主要部分。

把自己的班级作为一个写作中发生故事的主要场所，把自己的死党或者死敌写入作品，是很常见的方法，其实也是好办法。我觉得，如果同学们能在写作时和自己的死党“互黑”，也是很好的训练。

有同学在文章里把自己的班级描写成一个小团伙。想法也很好，但不符合我的要求，需要用一个更好的概念定义这种关系。我们每个人作为独立的个体，虽然一起进进出出，一同吃饭一同熄灯休息，但每个单独的个人在行为、态度和对世界的看法上，在性格特点和个人爱好上，都不一样。这就是人之为人的独特性——每个人都是独一无二的。有一句话说：宇宙爆炸了一百三十七亿年，才等到你！虽然很鸡汤，但也很真实。

所以，文学的核心关注对象，就是人。

著名作家周作人在一百年前提出“人的文学”，著名学者钱谷融在六十年前提出“文学是人学”，都是非常精到的观点。我们写作的最大关注点，就在人的身上，研究人的生活，人的关系，人的精神状态，人的理想，以及人与人之间如何相处，等等。

我也是在与大家相似的教育环境中长大的，但条件与你们相差十万八千里，物质超级贫乏，信息交流近乎空白，上大学之前没有去到过家乡一百里之外。我初中一年级就住校，几十个人挤在一个教室改造的宿舍里，绕着四周搭了上下两层床架，其实就是两头和中间三道梁，住宿的同学各自拿棚架搭上去，一个挨一个贴着睡。

但那时也有那时的欢乐。

比如，我地处雷州半岛的家乡常有龙卷风，发大水，一下雨，位于全校低洼处的宿舍就被大水淹没，从脚脖子到膝盖一路迅速蔓延上来，下铺的同学把席子、被单一卷就到了上铺，大家继续冷静地看着污浊的雨水在宿舍里翻涌，十分热闹的样子。有时，竟然有鱼出现，游进来，又游出去，非常神奇。

反正我们那时除了席子、被单和书包，就“身无长物”了，物质贫乏到了完全可以甩手就跑的地步，倒也不怕发大水。甚至，有人还觉得这很好玩，起码不用起早去出早操了。

我上大学时，条件有所改善，六个男生挤在一个房间里，整幢宿舍楼每层两头各有一个公用盥洗室加厕所，卫生条件相当糟糕。因为来自遥远的最南方，我希望室友之间能和平、相亲。第一个学期，我一直强迫他们跟我同去同归，围着一张桌子同时吃饭。第二个学期，大家就个性不合，各自组队各自结伴了。我也发现，虽然同一个班级，同一个年级，同一个专业，同住一个宿舍，但每个孩子个性是天生不一样的，而这也正是人之为人的有趣之处吧。

有的同学喜欢睡懒觉，中午十一点也不起床。让他每天早上七点起来吃早饭，是很残忍的事情。我就是这样一个人。可我上铺的湖南同学，作息非常有规律，早睡早起到了有强迫症的程度，睡眠质量还超级好。每天早上六点，他的闹钟就响了。那是老式闹钟，震天价乱响，我们全都醒了，盼望他赶紧醒来揿掉自己的闹钟。可是，只有他一人仍在酣睡。那意思，就是外星人丢一颗原子弹进来，他还是照样睡。我气得用双脚往上踢他的床铺，有一次踢狠了，他的床铺脱离了支架掉下来了。

他还是没醒。

广东改革开放最早，我家当时算比较有钱。我一个月有一百多块钱生活费，在班里算有钱财主，中饭吃一块红烧肉，晚饭吃一块大排，夜宵吃两个肉包子，一时成为全年级的笑谈。有的同学家境并不好，悄悄舀点免费菜汤在饭里拌一下就算吃了一顿。

每个人的家境确实是不同的，每个人的性格也各有差异。

青春年少时，我也不太会思考这种不同，要求大家强凑在一起吃饭。我还让别人也买红烧肉买大排，但当时我可以天天吃肉，可能别的同学第三天就会破产。

你们看，这就是生活。

跟你们的生活细节不同，但是各有自己的真切体会。

我要求的是表达自己的真实体会，而不是杜撰出来的虚假情感。

这样的时代背景、人物关系，如果改成虚构小说的方式来表达，一定也会很有意思。我就写了一部长篇小说《青春期》，用从《水浒传》那里得来的灵感给每一个主人公起一个外号，把学校改造成了水浒梁山，整天在校园里呼啸而来吵闹而去。那是青春期的喧嚣，没什么不好的。

你们看，改换一种角度，用新的手段来写同样的那个记忆，也许可以突破原来的设定，在人和人的关系上深入思考，可以让你的作品达到新的维度。

因此，我们总结一下：中小学生写作时，核心人物关系是家庭和学校，非核心人物关系是街坊邻里。你的着眼点主要在这里。

有位同学喜欢写玄幻小说，算是摆脱离了家庭和邻里这些主要关系的束缚。相对来说，玄幻小说取消了时间背景，取消了现实背景，人物在空对空的舞台上进行活动，因此人物关系要求比较明晰，也比较单线条，故事情节容易设计和推进。突破了时间和空间背景的限定，脑洞大开到了可以胡思乱想的程度，既是自由的畅快，也可能缺乏节制而难以产生更好的艺术吸引力。

因此，文体和文体是不同的，不同的文体，要求是不一样的。

我们写作时要注意文体的区分。

四、植物、动物、景物（人物）的反道德化

“花开”这个题目，跟前面“人工智能”的作文题相比，暴露出来的问题更大。

你们写作喜欢议论，而“人工智能”这篇是需要议论的作文，但你们建立在资料搜集、整理、归纳并进行思考之上的“议论”却很不够。这是你们掌握资料不够扎实，思考不够深入的缘故。如果资料掌握得更加丰富，思考得更扎实，你们也可能做出一个对人工智能未来、对人类未来的更独特更鲜明的个人判断和推论。你们应该议论的时候却没能议论，而是简单地收尾了，往往是来这么一句：我认为人工智能不会消灭人类。就这样，结束。感觉蹲在马桶上半个小时，什么也没发生，就起来了。

关于“花开”这样的题目，我希望的写作不是抒情，而是两点：一是陈述，二是叙事。

你们在写作时，可以稍微控制一下你们的议论和高大上的延伸习惯。很多同学习惯地作感想，使劲想一些高深的哲理。如果是自然而然的感悟，也很好，但不能胡思乱想，硬拔高。

一些同学搜集了很多资料，如日本的樱花传说、樱花的传说是怎么来的。如果你们看到更多资料，会发现樱花有一个系列是从中国云南出来的——我在著名作家阿来的一篇文章里看到过这个讲法——而经过日本人千年来对樱花进行的大量的嫁接、栽培和育优，形成了独特的组系，再加上与民族文化的不断共生，樱花成了日本文化和人生态度的重要象征。

但在中国，承载相应功能的品种是牡丹花、莲花。

因《爱莲说》的长期流传，中国人对莲花“出淤泥而不染”的“品质”深为钦佩，从而把莲花抽象化、道德化了。历史上很多大文学家和哲学家都喜欢把植物道德化，语文教材也爱大量编入这类文章，也自然地道德化了这些景物、植物。

植物、景物道德化，是一个经过了长期积淀的文化源流，有其存在的合理性。

不过发展到今天，我们面临着外来文化的冲击和本土传统文化的更新问题，我们要形成自己的新的审美态度，形成新的修辞方式。那些固定化的、道德化的、象征化的梅兰竹菊，虽然也很美，但是这种固有的审美限定了我们对新文化的探索，如果不假思索地引用，就会破坏我们现在更加需要学习的精确叙事和陈述事实的要求。日本著名学者柄谷行人写了一本《日本现代文学的起源》，其中谈到日本“明治维新”以来的新文化变迁首先就从反思“汉画”开始，从中国传统的山水画，渐进到西洋油画。差别在哪里呢？中国传统山水画是以相对抽象、模糊的方式来描绘山水、树木、花卉的，出发点是表达画家的审美态度和道德理想的，所谓“画中有诗”，意思是传达山水画的“诗意”。唐代大诗人王维同时也是大画家，是文人画的宗师，他的诗中，总有非常鲜明的画意，例如“漠漠水田飞白鹭，阴阴夏木啭黄鹂”，画面感很强。他的画，传说则有强烈的诗意，传达了独到的人生感悟。

与中国山水画相反，日本人开始学习的西洋油画，是观察现实生活并传达对这种现实生活的精确感受的。柄谷行人说，只有当运用了西洋油画的观察方式，日本画家才“看到”了在北海道劳作的渔夫。蓬勃的日常生活以及社会风物，才进入知识分子的视野，引发他们的真正的现代性思考。

植物、动物、景物，甚至还有人物，在写作上都要警惕陷入道德化的陷阱。莲花也好，梅兰竹菊也好，早已经被道德化了，但是我们今天看到这些花卉，可不可以表达现在的独特感受？不是说道德化就不好，而是一个过分明确的道德化的指向，会成为一个坚固的笼子，把你们装进去而无法逃脱，导致你们一写到莲花，就只能想到“出淤泥而不染”，一写到大雁，就志向远大。

下一讲，我会讲一讲当代诗歌，讲当代诗歌如何理解，如何创作。

当代诗歌非常难讲，但我要用两节课谈当代诗歌的理解和写作。

我曾下了很大的功夫，读了几千首当代诗歌，按照主题分类，精选其中的两百首左右，加上我的主题导读以及每首诗的具体分析，出版了《这才是中国最好的语文书》的上下两卷《诗歌分册》。这套《诗歌分册》得到了国内外当代一流诗人的支持，也有着很广泛的读者群。

我想我找到了一条进入当代诗歌的分析和写作的羊肠小道，要带领你们一起去探一探险。

到那时我还会说，道德化的景物、事物、人物，会限制对诗歌词语的调用。

一用到莲花，就想到哪吒，想到周敦颐，那你怎么写作？这些词全部被固化了，被装在套子里了。

因此，“反道德化”是释放词语内在力量的一个重要的手段。

如同释放原子里的能量。

第三节　释放词语的力量

如上所言，释放词语的力量，就是对词语进行“反道德化”。

你们可以用能量（power）或原力（source）来理解这种释放。

今天的语文教材和教学，几乎全都是道德化的。

我在批判语文的专集《对抗语文》里的第一篇文章，就是集中批判当今语文的全面道德化——一切都通向传统的、封闭的道德。

这恰恰限制了我们对语言的调用、对人物的认识和对事物的观察。

讲完这个以后，给大家看一个小视频。

（播放短片 *Change Your Words! Change Your World!*）

好了，很短的视频。

大家有没有注意到纸牌上的话，从老人自己写的“I’m blind, please help!”到美女帮他改写一下词语，变成了“It’s a beautiful day and I can’t see it!”老人本身的境遇，有没有发生什么本质的改变？

没有，他还是一个盲人，需要人们的帮助。

但是，他从祈求别人怜悯的卑微者，变成了渴望参与现实却被阻隔的悲壮者。

卑微与悲壮所激发的情感是不一样的。

卑微也能激发人们的同情心，但是悲壮会深深地同化别人、抓住别人。

这就是词语的力量：改变你的语言！改变你的世界！

这个小视频，就是一个杰出的广告。

广告的诉求是什么？就是让我们深深记住。

不同的语言表现可能会带来不同的感受，而这种感受会直接推动我们对同一场景的不同认识。

可能大家暂时还没有体会到语言运用的重要性和语言的爆发性力量。

很多同学甚至会认为，语言改不改好像没有什么太大不同。

事实上，当你进入一个重要的语境后，语言的变化对一个事件的推动，具有至关重要的作用。

语言的魅力，有例可证。

《哈利·波特》里伏地魔爱用的阿瓦达索命咒，一个咒语会造成杀戮，引发死亡。

你们可以说这只是虚构小说。

我们也可以说，现实生活中语言造成的大规模死亡事件比比皆是。

语言之力，是可以驱使一切的。

希特勒以及他的一本小书《我的奋斗》，造成了二十世纪最严酷的浩劫之一。今天我们已经离它很远了，不太能体会到它的魅力在哪里。当希特勒走上政坛时，没人能想到这小个子会给世界造成如此大的杀戮。

有人说，如果法国巴黎的美术学院录取了希特勒，第二次世界大战就不会爆发了，二十世纪中叶的人类就会避免一次浩劫。

如果我们上海平和双语学校把他录取了，让他读 IB 国际课程，也许就不会出现这样一个纳粹超级领袖了。

伏地魔是不是有点像希特勒呢？我看可以这么联想。

一个爆发力很强的语言，自然需要结合具体的语境来推动，才具有原子弹般的威力。但在平淡地讲述时，你们可能会发呆，没什么兴趣。假如讲到希特勒是你的邻桌，你要写一篇玄幻小说叫作《我的同学希特勒》，说在一亿光年之外，有一次中子星的碰撞和爆炸导致了地球出现一条时空裂缝，希特勒在喝完德国啤酒时掉进去，一下子穿越了七十年的时间，来到了你们身边，成了一个外国留学生。哎呀，这个不得了，你们得好好对待他，温柔一点，别激发他的恶性，让他向善从良，帮助他成为一个本来应该成为的二流画家，打消他那些胡思乱想，让他把自己的精力浪费在美好的事物上。

从而，你改变了你的同桌，也改变了 二十世纪的历史。

多好！

你会发现这个设定的背景有强大的推动力，这种语言驱动了你，让你产生了灵感和冲动。

“改变你的语言，改变你的世界。”

这不是一句简单的标语，而是让我们更深入地体会了语言运用背后的力量。

有一位同学在作文里引用了布皮树的一首歌《一瞬间》：

阴晴阳雨一瞬间
花开花落一瞬间
白衣苍狗一瞬间
沧海桑田一瞬间
相聚离合一瞬间
卿卿我我一瞬间
刻骨铭心一瞬间
地久天长一瞬间
春风得意一瞬间
花容月貌一瞬间
腰缠万贯一瞬间
玉宇琼楼一瞬间
一败涂地一瞬间

一支香烟一瞬间
一盘炒蛋一瞬间
一声万岁一瞬间

布皮树这首歌的歌词很有意思。他们用“一瞬间”把人世间的一切，全部取消了价值，有中国传统佛教思想的“空”的概念，有《红楼梦》里《好了歌》的意蕴。

我们也可以从中感受到毛宗岗父子刻本的《三国演义》所引用的明代诗人杨慎的《临江仙·滚滚长江东逝水》的气息，我们不妨重温一下：

滚滚长江东逝水，
浪花淘尽英雄。
是非成败转头空。
青山依旧在，
几度夕阳红。

白发渔樵江渚上，
惯看秋月春风。
一壶浊酒喜相逢。
古今多少事，
都付笑谈中。

还有这首词的前辈——苏轼的《念奴娇·赤壁怀古》，大家也可以找来对照着温习一下：“大江东去，浪淘尽，千古风流人物……”

还有苏轼的《前赤壁赋》里的名句：

客曰："月明星稀，乌鹊南飞。此非曹孟德之诗乎？西望夏口，东望武昌，山川相缪，郁乎苍苍，此非孟德之困于周郎者乎？方其破荆州，下江陵，顺流而东也，舳舻千里，旌旗蔽空，酾酒临江，横槊赋诗，固一世之雄也，而今安在哉？……"

这是悲观的说法，还有苏轼自己积极乐观的观点：

且夫天地之间，物各有主，苟非吾之所有，虽一毫而莫取。惟江上之清风，与山间之明月，耳得之而为声，目遇之而成色，取之无禁，用之不竭。是造物者之无尽藏也，而吾与子之所共适。

你们看，一首《一瞬间》，被老师我东拉西扯出这么多内容。而且，我还没全文引用《好了歌》呢。

《一瞬间》这首歌我们且不说它颓废不颓废，它就是用一种别样方式去理解"一瞬间"这个词，进而理解历史、社会和现实，也化用了我上面引用的这些诗词文章的思想。

我的十堂课也是一瞬间，你们在这里的学习也是一瞬间。

这就到了人类思考的哲学秘境里去了。

今天我们分析评点了两次的作业。修改意见我都会誊写在你们文章的后面，希望你们有空再思考一下，修改一下。

后面的课程里，说理性文章、陈述性文章还要做第二次训练，这样才能转变思维模式，写得更加合理有趣。

"改变你的语言！改变你的世界！"

第四节　议论引出的时机

两次作业共同的问题，是议论引出的时机。

议论的时机应该在什么时候出现？

说理性文章和陈述性文章，前者是向外，后者是向内。同样都是发掘你个人的人生经验，并传递给其他人——你的读者，你的朋友。

杨同学观察风信子的栽种过程，以及水培和土培的区别，加上自己头一次如此认真地观察一朵花的栽种过程的一个领悟，是较为自然的议论发生时机。这就是在合理思考的基础上，合理地表达意见，恰当地进行抒情。

同学们有时间可以做一个练习，写一篇《我的自传》。

也许你会"装嫩""卖萌"，也许你会说我真的是"嫩萌"，说我还小，我的历史很清白，确实没什么可写的。

但我不相信。

我觉得每个人都有自己的"不清白"的历史，有自己的糗事，有自己的"黑暗世界"。

十四岁，你们已经身经百考了，过五关做六份卷子了。有些同学早恋了，有些同学瞒着家里，有些同学瞒着老师，有些同学瞒着同学。还有些同学根本没有谈恋爱，却假装自己有女朋友了，有男朋友了。有些同学是某明星的疯狂粉丝，把自己的零花钱全都用来追星了，以致饿得瘦成一道闪电。

怎么没有经验？怎么没有历史？历史很丰富呢。

胡适先生写了《四十自述》，我四十多了，都没有写。不过，我写了很多篇散文、小说，反反复复地说起我的一部分经历，谈了我的一部分经验，加起来有点《四十自述》的意思了。

如果不写，有人到九十岁了，仍然觉得自己没什么可写的。

我希望你们今天就要想好，会写到人生的哪些阶段。

我希望你们找出你出生到现在，记忆中的那些重要的细节、片断，而不是记那种公元几几年我出生了，几几年我升学了这样的流水账。

议论的时机有两种：

第一种情况是在讲完一件事之后议论；

第二种情况是整体总结式的议论。

我不主张随便空发议论，但写文章，就会有观点要表达。因此，把握议论句段在文章中出现的时机，很重要。

简单地说，讲完一件事情，议论就可以出现。

“人工智能”这篇文章，写李世石和AlphaGo五番棋结束后，再介绍这个“人工智能”的特点。随后，在第三段里就可以出现议论。议论人工智能的出现可能会改变人类认识世界、认识自我的方式和态度。这个议论是以前面的事实为基础的，是就事论事地谈论。

第二种，举杨同学文章的最后一句为例：“回想起来，我还是第一次如此认真地、仔仔细细地去想几株花的花开花落。”

我觉得，这是控制得非常好的、恰到好处的、总结式的议论，没有特别道德化，也没有特别拔高。

这是符合逻辑和人物身份的一个议论。

总体的原则，是要把握议论句段出现的时间，要在事实叙述基础上，适当地就事论事，并且，尽量控制滥情抒情的冲动。

作业：

本节课我们一起看了一个短视频：*Change Your Words! Change Your World!*

大家注意到了纸牌上的话，乞讨老人自己写的“I’m blind, please help!”到路过的美女替他改写一下词语变成了“It’s a beautiful day and I can’t see it!”老人本身的境遇没有发生什么本质的改变，他还是一个盲人，需要人们的帮助。但是那个牌子让他从祈求别人怜悯的卑微者，变成了渴望参与现实却被阻隔的悲壮者。

这样一句话的变化，却造成了“质变”。

请以这个短视频内容为对象，写一个关于老人和美女的短篇小说。

要点：两个人的命运完全不同，他们只是“路遇”，可以思考他们的不同生活，什么事情让他们碰到一起了？碰到之后，两个人的命运发生了什么样的改变？

字数：2500字

第六讲　打破事物与事物之间的藩篱

隐喻，是一个修辞学的用语，用另一事物来说起此一事物。处在隐喻两端的两个词或两个事物，相互之间差异很大。在诗性角度看，差异越大，想象空间越宽广，传递的信息越丰富。

上节课说了，今天我们要讲现代诗。

从押韵角度看，诗分两种：一种押韵，古体诗严格押韵；一种无韵，现代诗不严格押韵，甚至无韵。

从诗体角度看，诗分两种：格律诗和自由诗。格律诗诗句严整，自由诗错落有致。

同学们在语文课本里读到的诗大都是押韵的，不仅古体诗押韵，现代诗也押韵。

我们现在看到的大部分歌词都是押韵的，讲究格律与节奏的。

现代诗不强调押韵，如果押韵，韵节主要是结尾的偶然押韵，不是严格的每行或隔行押韵。不像格律诗，押韵非常严格，平仄十分讲究。

我们今天讲的现代诗，押韵不是重点，上面只是做一个简单分类，大家快速了解一下。

我今天主要讲现代诗的语言，还要涉及隐喻。

大家注意到了，我比较注意表达是“现代诗”，不用“诗歌”这个词。“诗”与“歌”是不同的。

第一节　诗与语言

诗首先要区分两个概念：一个是“私人语言”，一个是“公共语言”。

诗，有伪诗，有真诗。

我不知道在座有没有人专门研究过现代诗。

有些同学可能会爱写诗，自己觉得还不错。

但我所接触的少数写过诗的中学生，基本上都是不太在行的，没有入门。

当然我还没有读过你们写的诗，也许你们的诗作会让我改变观念。

为什么说不入门呢？是大多数同学对诗的基本语言、隐喻的运用都缺乏了解。

一、私人语言

真正的现代诗，运用的是“私人语言”。

只有跟你的个人情感、个人经验、个人经历、个人生活、个人态度密切相关的话语，才能称之为“私人语言”。

上周我批评你们前面两篇作文写得不好，因为你们的作品里面充满了“公共语言”。

什么是“公共语言”？

“公共语言”就是那些道德化的、全称判断的语言。

比如说花是美好的，人生也应该像花一样美好。这种就是“公共语言”。

热爱祖国、热爱土地、热爱天空、热爱云彩、热爱树木、热爱自然，热爱后面的一切，连在一起的，都是“公共语言”。你也能说，我也能说，他也能说，说出来也等于没说，跟你个人情感、个人经历没有最直接的联系，这些语言缺乏具体的细节，具体的情感，具体的历史，具体的空间。

“公共语言”是趋同的，“私人语言”是求异的。

我们的语文教材里，大部分的白话诗都是“公共语言”构成的，是分行的口号，是断句的标语，却不是真正的现代诗。所以，首先要分清“私人语言”和“公共语言”，我们才能知道现代诗传递出来的真正意思是什么。

现在很多语文教师不读现代诗，不懂现代诗，也不愿意去学习现代诗，却简单粗暴地把现代诗贬抑为垃圾、口水，打入冷宫。不少语文教师跟我讲，现代诗不值一读，不就是一句话多分几行嘛，不就是断句散文嘛。

胡乱分行，散文分行，是伪诗的一种。

真正的现代诗有自己的逻辑，不按照散文的分行逻辑和“公共语言”的使用习惯来进行分割。

优秀的现代诗，要运用精粹的“私人语言”和优质的隐喻来推进。

二、隐喻

读懂现代诗要认识一个核心词：隐喻。

我还特地查了一下英文，叫 metaphor。

这词我以前老是拼不准，现在是准确的了。

学习现代诗，认识什么是隐喻，知道隐喻如何运用，是最重要的入门知识。

隐喻，是一个修辞学的用语，用另一事物来说起此一事物。处在隐喻两端的两个词或两个事物，相互之间差异很大。在诗性角度看，差异越大，想象空间越宽广，传递的信息越丰富。

明喻，本体和喻体之间相似性很大，如“目光如电”，或“天上的白云像棉花糖一样”。

英语世界流传最广的隐喻是莎士比亚在喜剧《皆大欢喜》里说的：“世界是一个舞台。”

中国人熟悉的隐喻是“人生如梦”。

优秀的修辞学家和诗人，会灵活地运用通感的手法，把视觉、听觉、味觉、触觉相互转换，把不同性质的事物相互替换。

日常生活中充满了隐喻。

“某某是一头老黄牛”，这就是典型的隐喻。“牛”这个字是最通俗的隐喻，它带着强烈的隐喻，常常出现在我们的身边。说牛，不是指四条腿的耕地动物，而是指性格和精神跟老黄牛一样坚韧，任劳任怨。

日常生活中充满了类似的隐喻，只是因为它已经通俗化、表象化了，一般人意识不到这是一种隐喻了。

最容易被我们忘记的现实中的隐喻，是脚和腿。我们常说桌脚、凳腿、山脚，忘记了这是隐喻。因为它在日常生活中已浮在最上面了，成了日常生活的核心要素。因此几乎人人都忘了，这其实是隐喻。

隐喻是人类语言中最核心的驱动力，隐喻构成了人类文化系统中最核心的部分。

国家意志，通常以隐喻的方式来表达。

例如：祖国，母亲！或，大地，母亲！

很多同学对唐诗感兴趣。

古诗词中，花草鱼虫都被隐喻化了。

“墙角数枝梅，凌寒独自开。”梅花隐喻化了。

梅兰竹菊、山川河岳，全部都隐喻化了，成为日常生活中表达态度的首要手段。

“举头望明月，低头思故乡”这句，“明月”是隐喻的典型，它和故乡联系在一起。

“月亮”在中国古代是个重要的隐喻。

同学们能举出“月亮”的其他称呼吗？

蟾宫、太阴、婵娟、孤月轮……

中国古代代指月亮的词有十几个。诗常用代字、代词，押韵是一种需要，语言美是另一种需要，还有要避讳等。用着习惯了，尤其是音韵和美学结合，成为我们的思维定式了，一旦变动，会给人带来某种错愕。

“但愿人长久，千里共月亮。”

可以这么用吗？为何用“婵娟”这个隐喻大家不会笑，而说“千里共月亮”你们就会笑呢？是因为好庸俗啊，对吗？那么，“千里共圆月”可以吗？“千里共月饼”怎么样？还是很俗，对吗？

为什么“千里共婵娟”可以，而“千里共圆月”你们会笑成这样？

值得我们思考啊，同学们。

是因为这已经被雅化的、融进了我们语言血液中的重要修辞手法，千百年来已经被我们习惯了。

如果从小学开始，语文老师一直让你读“千里共月亮”，你不知道这是错的，你背诵得滚瓜烂熟，重复很多年，你也会习惯的。

隐喻也有强制性原因，习惯了一种恶俗的隐喻，你反而很难适应真正优美的隐喻。

语言有非强制性的习惯逻辑，它的音韵、节奏，古体诗、格律诗所特有的三字、五字、七字的单数文字结构，或者四字、六字的复数结构，都能体现出特殊的音韵美。汉语诗歌有一个非常重要的特点，它的音韵、韵节和语言结构是以单音节构成的。王维的《田园乐》全是六字句。

古诗讲究以不同的偶数奇数的韵节，对诗的节奏进行演绎。

词是对诗行整齐的格律诗的一种调整，但是也有规定的字数要求。这种要求，主要跟语言的节奏、音乐有关。通过强烈的音乐节奏感觉的演绎，诗词更容易被记住，更能发挥其感染力。

今天我主要讲现代诗，因为学习现代诗更需要深入了解隐喻的运用。

日常隐喻包括两种：一种是日常生活隐喻，另一种是私人空间隐喻。

很多同学喜欢用流行词，“一丢丢”“违和感”等在作文中常出现。

“一丢丢”据说是个老词，二十世纪八十年代就流行过，现在翻新再用。这种词是公用话语，不是私人话语。私人话语，指没有进入日常流通的词语。也就是说，某个诗人用了，我们都能感受到特殊的意义，但是，这种用法不能成为流行词。它只在特殊语境中起效果。

私人话语，如何去翻新？

一种是老词翻新。

著名诗人张枣曾获德国特里尔大学文哲博士，因患肺癌2010年病逝了。他有一首著名的诗叫《镜中》：

只要想起一生中后悔的事
梅花便落满了南山

“梅花”是个经典的隐喻，我们之前讲过，“梅兰竹菊”都是常用的传统隐喻。“出淤泥而不染”指莲花；梅花则是指君子。这些花都已经道德化了。

但张枣翻新了“梅花”这个旧词。

你会想，“梅花”跟“南山”有什么关系？这两个词隔得很远啊。

诗的名字叫《镜中》。镜中的意象是什么？我们可以想象一下在唐朝有位美女照一面铜镜。铜镜不管磨得多么好，都不像现在的镜子那么清楚，照起来模模糊糊闹鬼一样，还不如平静的水面清晰。

镜中的意象，是诗人张枣翻新使用的一个新意象。铜镜中是看不到清晰东西的，因此镜中的幻象成为了你人生的另一个想象空间——情绪，它也是如这样暧昧不清的空间，一时哪里讲得清楚？

经典童话《爱丽丝漫游奇境记》里，所有人、所有动物、所有事，都与我们熟知的方式不一样，因为它是镜子里的另一个反面的世界。

很多同学都在用“平行世界”“镜像宇宙”这种概念。我听说网上有《变形金刚》同人小说，用“平行世界”的构思，把擎天柱变成了一个反派。

《镜中》呈现出来的是一个美女在照一面铜镜，突然想到了她的一生，可能十五六岁选入宫中，二十年忽然过去，少女变成了少妇，一生就这么荒废了，再没有机会离开深宫；又或者是一位六十岁的君王，一生经历过大小无数事件，可能是“安史之乱”、可能是仓皇西奔成都，从镜中看到自己须发皆白，引发了无限思绪。

一生中后悔的事，和梅花，和南山，彼此间并没有固定的联系，是被诗人硬接在一起的，这是最典型的隐喻方式，它们之间没有明显的逻辑关系。这句话不是普通一句话的断句，而是两个性质截然不同的意象被拼接在一起。从隐喻角度上来讲，任何两个不同的词语或意象都可以拼接在一起，不过不一定都会产生很好的效果。因为，这种私人性的隐喻运用，有深有浅，有居中正好，要看诗人对词语、对意象的敏感和运用能力。运用得恰到好处，兼顾了私人性和公共性，能有一个合适的比例被读者直接释读出来，这就是好的隐喻运用。

对于一名好的诗人来说，他是语言的炼金术师。可能他拼接了几十个词语，创造了新的隐喻结构，有一个两个三个可能是合适诗人的心情、愿望、爱好以及修辞习惯的。于是，诗人把它选了出来，要在流通中经受考验。

今天我们写诗，南山、北山、天目山，这么多山可用，为什么非要用南山？因为，“南山”也是大家熟悉的隐喻。

“采菊东篱下，悠然见南山。”这是隐者陶渊明诗里创造出来的南山。

张枣的梅花，落在陶渊明的南山上，明明是不对的。然而，在《镜中》这首诗里，梅花如雪，就是落下来了，非常强硬，是诗人的咄咄逼人的气势，非要落在南山上，而不是北山上，或天目山上。

这就是私人语言。这不是原有语言体系中可以直接拿来用的语言。

私人空间另一个隐喻特别丰富的所在，是日常物件。

大家都喜欢穿拉链衫，“外套”就是一个人所熟知的隐喻系统。

“外套”也是日常生活中鲜明的意象，可以引出很多丰富的含义。

“花瓶”也是典型的隐喻。说某人是花瓶，大家都知道是讽刺这个人看着光鲜实际没什么内涵。这种隐喻方式，在你我的生活中比比皆是——铲子，或一本书，每一个物件都可以成为隐喻系统的一个部分。

世界上最短的一首诗，是北岛先生写的《生活》，一个字，“网”，是典型的隐喻。人际关系的网、互联网的网，已经成为我们生活中重要的部分。微信朋友圈也是一张网。

三十年前，北岛先生写下这首诗时，是具有预言性和前瞻性的。虽然只有一个字，但北岛先生把“网”和“生活”对接在了一起，把这个私人话语隆重推出而让大众共享，成为“公共话语”——经过三十年的使用，人们已经接受了这个隐喻。不过，当时这首诗出来，很多人是不接受的，不少老先生很不高兴。

一支笔，也是个典型的隐喻。笔代表什么？笔代表知识，代表文化。我们说，“张春桥是四人帮的一支笔”，这就是典型的隐喻。我年轻时，特别想拥有很多支笔。我那时知道，一个人拥有笔的数量，意味着他的知识的多寡，意味着他拥有的权力的多寡。我们村有个疯子左胸口袋挂了五支笔，不过这不算是隐喻，他是一个疯子而已。但村支书左胸口袋也插了三支笔，这就很奇怪了。村支书是一个很有权力的人，他不需要用“笔”来显示自己的知识力量啊。

在我小时候，我们的共识是：小学生一支笔、中学生两支笔、大学生三支笔、教授四支笔，笔越多知识越丰富。不过，五支笔有可能是神经病了。

过去说有没有文化，有个隐喻是肚子里墨水多少。有没有文化，说喝没喝过墨水。

我们的整个日常生活，就是一个庞大的隐喻系统。

同学们处于青春期，会发明很多词来嘲讽、打击自己的死党。

以前词汇没有那么丰富，但黄毛丫头、鼻涕虫这类隐喻也很多。

日常生活中，这种隐喻太多了。

当代女诗人赵丽华写了一首诗叫《一个人来到田纳西》：

毫无疑问
我做的这个馅饼

是全天下

最好吃的

这首诗看起来毫无深意，但曾引起诗界的猛烈争吵。看着很平淡，如大白话，大家都记得很清楚。仔细看看，觉得又是有点意思的——赵丽华把一件没有任何意思的事情，用正儿八经的诗行，很严肃地说出来，破坏了人们对诗的传统记忆，好像是故意毁坏那些抒情、那些境界的。她就是“反传统”，你要“诗意”吗？给你一首毫无诗意的诗。这样，类似行为艺术，变得有点意思了。

第一堂课时，我还讲到另一位当代诗人乌青的诗歌《天上的白云真白啊》。这是一首运用秽语、政治语言来解构当代政治文化的反讽诗。“蓝蓝的天上白云飘”是很多人记忆中特有的抒情语言，乌青却用痞语把它瓦解了。乌青是假装抒情，让你发现如果这么抒情下去的话，真的会把隔夜饭都呕吐出来了。

抒情传统在中国历史悠久，又加上了当代语境，让大多数人在语言的运用上显得特别怪异，话一说出来，就跟自己内心的真实情感相差十万八千里。这种“伪抒情”在我们几乎每个人的身上都有，从小到大习惯了滥情，一山一水一木都是抒情性的，成了文化中的死水塘。一般人谁也无法忍受乌青把心目中美好的蓝天白云糟蹋成这样。

但这却是诗歌的一种方式，它完全不运用新隐喻，而是拿来旧有的隐喻不断地踩踏，破坏了抒情性传统，破坏了对白云和天空关系的固有认识。我们都会认为，蓝天就要有白云相衬才美丽，蓝天飘来了一片乌云呢？它就不美了。乌青的诗就是蓝蓝的天上乌云飘。这造成了对抒情世界的破坏，令人很不舒服。但诗特有的语言，就这么出现了。诗不是一定要让你舒服的，而是要激发你的思考：你也可以这么思考问题，而不是从众，不是人云亦云。

赵丽华这首《一个人来到田纳西》有其写作背景，据诗人说是向美国著名诗人华莱士·史蒂文斯的《罐子轶事》致敬的。

《罐子轶事》，几个中译本都翻译为《坛子的轶事》，这其实是不了解诗人所处的具体语境而产生的误解。

《罐子轶事》这首诗在中国当代诗界影响深远，非常重要，我把原文找来贴在这里，大家可以看看。

Anecdote of the Jar

Wallace Stevens

I placed a jar in Tennessee,
And round it was, upon a hill.
It made the slovenly wilderness
Surround that hill.

The wilderness rose to it,
And sprawled around, no longer wild.
The jar was round upon the ground
And tall and of a port in air.

It took dominion everywhere.
The jar was gray and bare.
It did not give of bird or bush,
Like nothing else in Tennessee.

我看了四个中译本，都把 jar 翻译成“坛子”。

其实当年华莱士·史蒂文斯是一个意外事故保险公司的职员，他要见客户，推销保险，到处旅行。他去田纳西，随身带了一个加拿大产的水果罐子，吃空了是一个半透明的玻璃罐子，可能随手搁在小山上，就此一坐，往后一仰，瞭望四下茫茫郊野，产生了特殊的诗情。

中译者有个先入为主的文化误导，一想到“坛子”脑子里就浮现了酱菜坛子或河姆渡文化彩陶的意象，这种彩陶什么的，总给人一种文化深邃的语境。但诗人要敏感于词语的运用，要注意区分“私人语言”和“公共语言”。华莱士·史蒂文斯的写作，就是很有意思的例子——作为一名职业律师和哈特福德意外事故保险公司的职员，他一生都是业余写作者。虽然后来被视为美国最杰出的现代派诗人之一，华莱士·史蒂文斯其实不是“文坛中人”。他出生于宾夕法尼亚州雷丁市，先后就读于哈佛大学和纽约法学院，取得律师资格后任职于保险公司，一直做到公司副总裁。哈佛大学曾向华莱士·史蒂文斯提供一个教职，因要放弃保险公司副总裁之职，他拒绝了。

华莱士·史蒂文斯把写诗看成是私人的事情，因此跟其他诗人、作家没什么交往，长期不为文坛及外界所知悉。直到逝世那一年出版了《诗集》并获得美国著名的普利策诗歌奖，他才开始广受关注，被视为美国现代派杰出的代表诗人之一。

华莱士·史蒂文斯作为一名保险公司职员，曾长期往来于密西西比、田纳西、佛罗里达等地。1922 年他开始作为保险公司职员出差，常去佛罗里达一个叫作 Key West 的小岛，住在 Casa Marina 旅馆。在这里，史蒂文斯跟大诗人弗罗斯特吵过架，还跟大作家海明威打架斗殴。他一拳打在海明威的下巴上，弄得自己的手骨折了。据说，海明威还把他击倒在酒吧外的街上。

上面这首《罐子轶事》，就是在这种生活的背景下，在旅行的过程中偶发灵感写出来的。一个吃空了的水果罐子，随手搁在田纳西的小山上，忽然发现了人文中心主义的秘密。田纳西的荒野，那些鸟和灌木，本来是没有什么人文意义的，但你设定了一个中心，从一个玻璃罐子的角度看过去，高高搁在田纳西小山顶上的罐子，空空荡荡的如一个港口，一个很多人文意义进进出出、繁忙得不得了的港口。你会发现，一切都似乎被赋予了意义。

你们看，这个“田纳西的罐子”就成了一个深刻的隐喻，甚至会越来越抽象，有点要变成象征的意味。

三、关于公共语言

“公共语言”就是陈词滥调，温和点说是“熟词”。

喜闻乐见是一个熟词，大快人心是一个熟词，普天同庆是一个熟词，奔走相告也是一个熟词。你们都很熟悉吧。可是“喜大普奔”就不是熟词，它具有了诗歌的味道。“喜大普奔”合并了原有的四个熟词，好像是高明的资产置换，置换出了一个新的价值。从原有的词性中诞生，这个新词变成了一个带有嘲讽、戏谑、不大正经意味的词语。

一个对词语敏感的诗人，会谨慎地思考着词语的变化，审慎地择用那些合适的词语进入自己的诗句。

而类似“人艰不拆”这种词，就不如“喜大普奔”那么有丰富的含义了，反讽意味也没有那么浓了。因为“人艰不拆”是一个生造出来的词，而“喜大普奔”是有语境的——原有熟词被全部抹杀，置换成了新概念，于是得到了崭新的意义。

写诗时要避免熟词，要把各种各样的熟词去掉，包括连词、助词、感叹词，以及判断句式也要去掉。这些句子，在当代的一流诗里很难见到。诗人不会用熟词来创作，因为熟词会让思维滑入习惯性轨道。

举例说，猪是喜欢吃饲料的，马是喜欢吃草的，这种表述就滑入了日常生活用语的轨道，不是诗的语言。诗应改变视角，改变用语。例如，“不怕神一样的对手，就怕猪一样的队友”，就是一句很棒的新造好词好句，意义极其丰富。但这虽具有诗意，还不算是好的诗句，因为它的意义是很明确的，诗意在意义上一般不会这么明确，会稍微丰富一点，活跃一点，甚至模棱两可一点。

“猪”我们太熟悉了，喜闻乐见，在《西游记》里有，在宫崎骏的动画片《红猪》《千与千寻》里有，在莫言的长篇小说《生死疲劳》里有，但这些猪，都被赋予了新的意义。

猪作为家畜，太熟悉了，太“熟视无睹”了，没什么特殊的感受，很少人会为猪写一首诗吧？

各位换位思考一下，用特殊的词语，能不能为猪写一首诗呢？

从传统来讲，中国诗歌以抒情为主，西方是以叙事为主，如《荷马史诗》的《奥德赛》《伊利亚特》等等。

诗歌的叙事，使用得更多的是纯净的、准确的。

“只要想起一生中后悔的事，梅花便落满了南山。”这是一个陈述句，不是祈使句，也不是一种道德化的语言。

如果用道德化的语言，就要写“一想到一生中后悔的事，我就热爱起了梅花”。

第二节　词语的魔法

接下来我们玩个词语游戏。

在座的每个同学说一个词，随便什么词，我写在黑板上：

黑猫 时尚 桌子 黑色 皇上 天才 神启 美丽 圣骑 鞋带 裤带 太后 解疑 博格 天道 雀巢 优活 什么 诗歌

好吧，共十九个词。

我们一起来看看这些词语。都是什么词啊，什么词都有。因为是不同的人分别说出来的，词和词之间没有逻辑关系，没有前后次序。

因为是在公开的课堂上，后面的同学看前面的同学的词，自己会斟酌，多少可能会受到一些影响。如果把你们隔离开来，各说各的，词可能还会不一样。老师们在实际操作中，可以请同学们写在纸条上，然后收上来，分别列在黑板上。

可以拿这些彼此没有关联的词，组装成什么样的句子呢？

同学们，随便找一个词，“皇上”，好，再找一个，“天才”。另外找跟它们在词性上没有任何关系的，距离遥远的词，“时尚”，好吧，“皇上”也可以时尚啊，“天才”也可以时尚的。还有一个，“美丽”。

皇上天才时尚美丽

这四个词，组合一下，有点意思。比如：美丽皇上天才时尚。我们再找，“优活”，“什么”，“雀巢”。

优活什么雀巢

教室里大家坐在一起有点互相干扰，不然可以作为一个词语调查样本。

大家去网上搜年度流行词，把这些词都放在一起，看看。

我这几年一直在写一个报纸专栏“流行词手册”，会时常找流行词来认真地看。年度流行词，一定跟这个时间段的具体生活和精神生活的变化密切相关。例如“累成狗”，肯定是指人们的生活节奏越来越快，加班加点时间越来越多，工作和收入不匹配，等等。研究流行词，等于是在研究一个社会的微妙生活状态。

这些流行词可能是出没于我们周边的关键词。关键词在生活中起着重要的催化作用。

我们上网购物、搜索，用不同关键词进行不同的搜索，会指向不同的群体。

“雀巢”“什么”“优活”，这三个词估计是你们顺手拿来的吧，也算是你们生活中经常出现的东西。

这十九个词，我们再看看，总的来说，跟外面现实社会的关系和结合程度不强，不少来自网络和游戏，是你们生活状态的一种反映吧。不过，延展性还不强。

“天启”是一部小说或游戏吗?

我好像看过名叫《天启》的科幻小说，讲地球人找到一个宇宙中上古文明留下的装置，通过这个装置，地球人类就可以进行超时空飞行，加入银河系中文明大家庭的行列。不对，我看走眼了，你们用的是“神启”，一个类似《圣经》的概念。抱歉，这是奇怪的误读。

可以看到，词和词之间有非常大的黏度。

我们讲到一个词，就会联想到另一个词。我们说到“天道”，就会想到“天道酬勤”，想到“天道远，人道迩”，想到“天行健，君子以自强不息”。

这些词之间，都是有黏度的，有逻辑关系的，说到一个就会想到另外一个。因为这是我们的学习经验和文化经验给我们传递下来的，让我们下意识地、情不自禁地就会想到某个词和某个词的自然连接。

这是母语文化的特点。

如果是外语呢？就不一定能够这样自如地连接。

这些黏度很大的词语带出的知识，是在你和家人的对谈中、和老师同学们的交流中，潜移默化地形成的语境。但你引用外语时，这种自然的延续、语言的黏性就不强烈了。

你用中文和中文不好的外国人聊天，会发现他不断出现语法上的错误。他不熟悉中文语境，他对“被”和“把”这两个字的运用实在弄不懂，不能自然而然地使用中文。

有一个外国留学生用“把”字造句说：我把汽车撞了。

好像也没有什么太大的错，可是，在中文语境里，我们不是这样用的。

就像我不能自如地运用英语，与人用英文交谈时也常出现怪异可笑的错误。

2012 年有个美国人“Mike 隋”拍了一个模仿美国人、俄罗斯人、日本人、韩国人等在北京酒吧讲普通话的 9 分钟恶搞视频，上传到了微博，一时广为传播，极其火爆。2015 年，他又拍了一个模仿秀的更完整的视频。Mike 隋这个恶搞视频，其实反映的就是跨文化的语言困境带来的“趣味”。不是在那个语境，还真的想不出来“老外”怎么能说出这么搞笑的话来。

其实，我说英文也常常让人觉得非常搞笑。

有一年我在德国科隆市远郊的乡村做访问学者，一次和家人及几个朋友去附近的乡村走路，在邻村的山岗上一栋别墅旁，看到了一截躺倒在水洼里的大树，我很兴奋地说：

Come and look! There is a train!

好吧，我发音很烂，把 tree 都说成了 train。

朋友们赶上了，看到是一截大树干，都笑喷了，说也想了，怎么这里会有火车呢！

刚才我们说“但愿人长久，千里共月亮”，大家觉得很好笑。但在一个不了解中国文化的英国人眼里，这个可能也很正常呢。他不知道汉语文化里会有婵娟、蟾宫、玉兔这些代词存在，觉得月亮有什么问题呢，很对啊。

前面引用过的诗人张枣还有一首著名的诗，叫《深秋的故事》，开始四句是这样的：

向深秋再走几日
我就会接近她震悚的背影
她开口说江南如一棵树
我眼前的景色便开始结果

第二段开头两句是这样的：

落下一片叶
就知道是甲子年

“向深秋再走几日”是很有意思的用法。

“深秋”是个抽象的词，“走”是具体的行为，两者之间不具有连贯性。如果要有连贯性，一般会跟着接什么词呢？一般会接“果实”，会延伸到果实累累、收获的季节、落叶的季节。但是诗人不这么按照逻辑来运用语言，而是以隐喻来交替。

“落叶”放到了下面一句。“落下一片叶”，接到了甲子年去了。这种连接，是硬接，不是习惯的、有黏度的、自然地按照生活逻辑接下来的语言，而是“距离很远的两个词”连接在一起。

我们再重温一下“隐喻”定义中的一个重要信息：隐喻中两个事物之间的差别很大。比如刚才十九个词里，有一个“黑色”，有一个“诗歌”，组合在一起是“黑色诗歌”，这是典型的隐喻。

第三节 "能指"和"所指"

在这里，我要冒险套用一下"能指"和"所指"这两个现代语言学的核心概念。

我提起这两个词，是因为它们能高效地解释现代诗，对刚才列出的这十九个杂乱的词也可以有效地进行分析。

"能指"和"所指"是瑞士语言学家索绪尔在专著《普通语言学教程》里首先提出的，英文为：signifier（能指）和 signified（所指）。这是现代语言学的奠基性作品，值得注意的是，这本书不是索绪尔撰写的，而是他上课时的讲稿，由听课学生后来根据笔记整理出版的。

简单讲，"能指"，是字符及发音（索绪尔强调其发音）；"所指"，是某物 / 概念。

举例一：我们拿着一个树上结的"苹果"，你读出声来，可以用中文"苹果"、英文"apple"或德文"Äpfel"、法文"pomme"，这是"能指"，而这个不管你怎么读，甚至读成"铃薯马""帝国之心"什么的，不变的是这只"所指"的"苹果"。它们之间的对应关系是相对固定的。但在特定情况下，这两者之间可以变化，或者滑动。例如，我们拿着一个手机"苹果"，以上的中文、英文、德文、法文发音还是"能指"，而"所指"从能吃的苹果变成了手机苹果。

举例二：你们都知道我是"叶开"老师，但这是我的笔名，我的真名叫廖增湖。搜网上资料，叫"叶开"的人很多。除了我之外，还有一个是专门炒股的财经类作者。众所周知的"叶开"是古龙武侠小说里的人物。"叶开"这个"字符 / 能指"后面，有好多好多的"所指"，可以指站在你们面前的我，指财经作者，或者古龙武侠小说里的主人公。

举例三：刚才我对“神启”这个词产生了误解，以为是谈科幻，没想到你们用的是《圣经》里的词。运用刚才两个概念，“神启”是字符，在这个字符下，因为我的误解，它出现了不同内容——科幻和《圣经》。同一个符号下面会有不同的理解，这个不同的理解，就是“所指”的变化。

这些例子表明，“所指”跟“能指”之间不是唯一的稳定的关系，常常会变化。在一个社会变化很大的语言环境里，常常会发生这两者“分手”的案例。

举例四：举一个流行字：槑。这个字读 méi，字典上同“楣”。有人发现这个词的构造是“双呆”，感到十分好玩而放在网上——网上它的读音同“呆”——结果大为流行。这本是个异体字，被人发现了它的特别之处，用来描述别人很有效，说人“呆”用这个字会加重“呆”的比例，因为是“双呆”嘛，“呆”得不平凡。经过这样一改造，“槑”这个字的“能指”（声音 / 符号）与词典原来规定的读音不同了，其“所指”（概念）也发生了变化。

举例五：“躺着也中枪”，有一段时间这个短语广为流行，大多数人用起来也心领神会、得心应手。同样一个“字符 / 能指”，表达了各种各样的意思，“概念 / 所指”变化无穷。这样，语言的运用就显示出了极大的活性。

刚才列出的十九个词，如果随意组合，例如“黑色皇上”，这个词就有了新意。例如“皇上天才”，则像奴才在赞颂主子。又如“时尚桌子”“黑猫时尚”“裤带太后”，这些组合也蛮好的，有些甚至产生了幽默或者滑稽的效果。

你们看，两个完全不同的词语放在一起，就会产生新意义——这也就是在写诗时要寻找的新意义。

第四节　距离的远近

接着我要讲词语的关系。有远词，有近词。

父母、亲戚、爷爷、奶奶、子女，这些词是近词。它们都是同一个属性的，在一个范围里。又比如鸡、鸭、鹅、鹌鹑，是同样的属性，彼此之间是近词关系。

远词则是从属性上看完全不同的。我随便想到什么词就说出来：头发、疯狂、金属、低沉、皮带、鸭子。这些词与词之间，就是远词的关系。

“近词”与“远词”是我的发明，你们在其他任何教科书上都看不到。

之前运用在唐传奇《昆仑奴》里的人物关系的特殊分析词语——“强关系”和“弱关系”，也是我的发明，你们在其他任何教科书上也看不到。

我们现在看“诗”这个词跟哪个词最远？“诗”跟你们手里拿着的“优活水”远吗？有点远，我们组合在一起看看有没有意思：“诗是优活水”，延伸一下：“诗在记忆中 / 优活水在身体里”。

有点意思了吧？距离产生美。

例如“月球”本是一个毫无生气的冷冰冰的固体星球，然而三十多万公里的距离，让我们人类抬头望月时，产生了无限的遐想，赋予了它各种美。

“诗”跟“黑猫”“裤带”离得更远。

可以组合成各种句子，如：“黑猫 / 把裤带系在月亮上 / 想起古人的诗”或“把裤带系在黑猫腰上 / 我带着诗国远行天下”。

我们会发现，远词之间，更容易产生诗意，更容易产生美。

再看这十九个词。

“圣骑”跟哪个词离得最远？跟“雀巢”组合下来会是什么效果？“雀巢举在圣骑的手中 / 亚瑟王眼中出现了未来的咖啡 / 金雀花王朝的气味 / 从法兰西对岸飘过来了”。

这些并不能算是真正好的诗句，而是我上课中临时凑合出来的。更好的诗，要跟诗人的思考、存在、直感以及对词语的斟酌、提炼结合在一起，才能创作出来。

从这个角度来说，一名诗人应该有意识地去找离得最远的词。无论多么遥远的词，都能从你们笔尖一下子写出来，组合在一起，就有了特别的意味。不一定每个词都是合适的，当你写诗时，可以斟酌、推敲，一些不合适的词都可以被修改、被替换的。

现在是春天，我们不写春天，反而去写秋天。那么，我们就来找跟“秋天”距离最遥远的词，跟“秋天”在属性上最没有关系的词。说这个词的时候，你是无论如何联想不到秋天的。离“秋天”最近的词我们都知道，是“落叶”，是“金色”，是“收获”，是“麦浪滚滚”，是“开学”，是“大闸蟹”。

“开学”是离你们最近的词，“大闸蟹”其次。

那《秋天》这首诗或许可以这么写：

开学
两条腿的大闸蟹在校园里
爬来爬去
脑子里塞满了
成熟的
膏黄

注意：诗句里不要提到“秋天”，你要写的是秋天有的以及可能有的具体的隐喻。又或者我们可以这样写《秋天》：

不经意间
风也落了下来
跟你们的长发一起
穿过明月路的树梢
在校园里
落叶瞄准了
几个匆忙奔向食堂的
男生

在写诗时，要寻找跟你有关系的词，没有关系的也要找，但肯定不是在找符合道德的。

落叶不一定要代表秋天，大闸蟹也不一定要代表秋天。

写作时，我们可以找那些跟“秋天”看起来没什么关系的词，从而衬托出你对秋天的不同感受。但是，既然是一个无比熟悉的词，我们一般就不应该再写“秋天”了，也不应该再写“春天”，除非有重大的事件发生在你身上，或者发生在社会上，让这两个词产生了剧烈的天体碰撞。

今天，我们不把蓝天和高尚联系在一起，不把大地和母亲联系在一起，不把高原和庄严联系在一起。巍峨的雪山，白雪皑皑的山峰，这样的词是道德化的，因为这些词带来的是庄严感、敬畏感。写诗的时候不能这么简单粗暴直接地运用这些现成的词语。

我们最后拿雪山作为例子。看到“雪山”，我们想到的关键词是“滑雪”“爬山”“缆车”“氧气”“冷”。这些都是离“雪山”非常近的词，“滑雪”是一个运动性的概念，还有其他是对天气、对生命的看法。把这些词组织在一起：“爬上雪山，在一个有氧气的地方，很冷。顺着缆车往上爬，山上有很多人在滑雪，但是滑雪人，都已经失去氧气”。

诗的创作看起来很复杂，但如果找出关键词，并在它们之间建立有效联系，就会有特别效果。从起步上来讲，我们掌握了进入诗世界的暗门。

最后，我请一位同学给大家读一首短诗。

你是人间的四月天

——一句爱的赞颂

林徽因

我说你是人间的四月天；
笑响点亮了四面风；轻灵
在春的光艳中交舞着变。

你是四月早天里的云烟，
黄昏吹着风的软，星子在
无意中闪，细雨点洒在花前。

那轻，那娉婷，你是，鲜妍
百花的冠冕你戴着，你是
天真，庄严，你是夜夜的月圆。

雪化后那片鹅黄，你像；新鲜
初放芽的绿，你是；柔嫩喜悦
水光浮动着你梦期待中白莲。

你是一树一树的花开，是燕
在梁间呢喃，——你是爱，是暖，
是希望，你是人间的四月天！

林徽因是一个传奇人物。

“四月天”是她用来比喻徐志摩的。

林徽因十六岁时在伦敦认识了徐志摩，两人保持了相当密切的关系，不过并没有最终走在一起。林徽因用“四月天”这个季节词来写一个人，一个她眼中最美好的人。“四月天”和“徐志摩”，是离得非常远的两个词。不是林徽因写出来，读者很难想到原来“四月天”可以用来形容一个人。一个描写季节的词，跟描写一个人，是离得非常远的。现在它成了描写一个人的好词好句，描写一个带点可爱、带点清新的人的非常好的热情洋溢的词，成为一个美妙的隐喻。

不知道是不是因为“四月天”，台湾歌坛出现了一个非常好的组合叫“五月天”。

在这节课的结尾，祝福你们在今后的日子里，都像“五月天”一样，青春的美好之中，都带着火热的激情。

作业：

这次课我们讲了很多的诗，也着重讲了“隐喻”这个概念在现代诗中的重要性。同时，我们也讲了很多最经典的隐喻，例如“季节”可以用来隐喻人生。而林徽因则用“四月天”来写一位至爱亲朋，并且把“四月天”这种清澈爽朗的特性，赋予了诗人徐志摩。

请以《季节》为题，写一首诗。

要点：要着重训练自己对隐喻的运用。词语搭配上，尽量出新。

第七讲　隐喻

两堵墙，如果离得很近，容纳的人就很少。如果两个词距离很远，空间就会拓展很多。诗，就是要寻找空间很大的东西。

第一节　隐喻的具体运用

我上次专门讲了一个核心的词，叫隐喻。

隐喻在诗里非常普遍，在散文、小说里，恰当地运用隐喻也很重要。

这次课，我专门讲同学们的作业，并且作为一个特殊的章节，来进行一堂特殊的课："如何批改作文"。

给学生们布置作文之后，讲评作文以及对这些作文进行修改，是写作课程的关键步骤之一。我们读到的一篇好作品，通常是经过多次修改、反复修改才最后定稿的，又往往是听取了专业读者、专业编辑的意见之后，最后作润色。

从修改的角度来讲，每一个词语出现在它最合适的位置上，每一个标点出现在它应该出现的地方，都是很重要的细节。

一、用实际物代替抽象的词（动物、植物、景物）

春天是美好的、鲜花烂漫的，一般人都这样描写春天。

如果我们不用"春天"这个词，而用植物或动物来表达春天，该怎么做?

樱花、桃花、海棠花，这些都是表现春天的经典的特有的植物。同样，我们也可以运用一些动物。我在一位同学的作业中建议，可不可以把某句话改成"蝴蝶正在脱离枝头的缠绕"？用这种鲜活意象来表达春天的到来，就具象化了。

我们可以用很多相关的动物、植物，甚至石头、天空、河流，这种具体的物，来代替"春天"这个词。

有同学写到了白雪皑皑的冬天，白雪和冬天是组常规对应词语。

这样写是中规中矩，但还不够特别。

上一堂课我讲过，诗人对词语会很敏感。大家通常用白雪来写冬天，用桃花来写春天，诗人会想改掉这种对应关系。他的脑海里会出现生动的情景，比如：蚂蚁爬过树叶，一只熊在洞里酣睡。这样表达春天和冬天。

也许你们会问，这样表达春天足够生动了吗？我们就一起改进这个表达。

可不可以这样——蚂蚁爬过一片还没有展开的树叶？狗熊正在钻过狭窄的洞口？

可以继续如此推演下去，分辨这些词语，就像采茶工采茶时，把芽尖、芽叶和老茶叶分清楚。

敏感的写作，要对词语进行分拣。

时间与季节，是人类面临的永恒主题，说到春夏秋冬四季，古今中外大诗人都反复咏叹过。中国古诗里写季节的诗句，同学们从小背诵很多，都很熟悉了，这里我引用奥地利大诗人里尔克的一首名诗《秋日》：

主呵，是时候了。夏天盛极一时。
把你的阴影置于日晷上，
让风吹过牧场。

让枝头最后的果实饱满；
再给两天南方的好天气，
催它们成熟，把
最后的甘甜压进浓酒。

谁此时没有房子，就不必建造，
谁此时孤独，就永远孤独，
就醒来，读书，写长长的信，
在林荫路上不停地
徘徊，落叶纷飞。
（北岛译）

《秋日》这首诗，在冯至先生的译文里题目是“秋天”。

你们可以看到，这首诗里没有提到“秋天”“秋日”，里尔克只是写了秋天发生的各种事情，尤其是果实、浓酒、落叶这些特殊的隐喻。这首诗写到了夏天已经过去了，秋天还没有完全来到——“让枝头最后的果实饱满；/ 再给两天南方的好天气，/ 催它们成熟，把 / 最后的甘甜压进浓酒。”非常简短的四句，写到季节变换中的生动景象，如同漫步在奥地利山野，看着那些枝头上的果实在逐渐饱满。季节的变化，具体地落在了果实的充盈上，这是一种很棒的隐喻——通常来说，“果实”跟“秋天”常常是可以直接对应的。中学生学过“秋天是收获的季节”这类比喻，并不艰深。里尔克也可能把四季跟人生的几个阶段加以对应，如经典的隐喻用季节来比喻人生：春天—少年，夏天—青年，秋天—中年，冬天—老年。

但这只是对里尔克名作的一种解释。诗的丰富性容许读者有各种不同的读后感受，也容许读者并没有“完全读懂”。诗是激发性的，让读者从此跳到彼，从果实跳到战争，或者从落叶想到一场恋爱。好的诗，就是一种对读者的激发。

我们通常以为，阅读就要“完全读懂”，好像什么都明白，什么都知道。这是一种很常见的误解。在文学阅读中，一百个人有一百个“哈姆雷特”，也有一百个“红楼梦”。对一首名诗的解读，也常常是各有感悟，各有所得。不能说，老师的解释就是标准答案；不能说，老师就是“完全读懂”的。

一首能被人，尤其是在学校使用的课文中能被师生“完全读懂”的诗，可以“简单粗暴”地断定：不是好诗。

如果把季节人格化地表达，你可以说：一个老人在播撒着自己人生的雪。

诗人会有意打破固定搭配，因为那种固定搭配的词性已经被消耗光了，缺乏新意，也很难有效地表达更微妙的意义。如：教师—园丁；学生—花朵，这都是固定搭配，很多人还在本能地用，然而有追求的诗人和作家，会避免简单地使用这种固定搭配，除非是为了“反讽”等特别目的。

这是比较容易理解的隐喻，也算得上是固定搭配。可是有追求的诗人，会放弃这种已经用滥了的隐喻，而自己寻找更好的词语。

二、暴力与死亡的隐喻（背影 / 风）

我们中金典同学写了一首诗，其中的一段是这样的：

去年的这个时候有人死去
背影白白地刻进风里
于是，星星解冻又冻结了
我们的手中握满荆棘

金典对“死亡”的隐喻运用得非常好。“背影白白地刻进风里”——用“刻”这个字是把风硬化——“刻”就意味着风是坚硬的，像纪念碑一样。背影留下看不清的名字，无数的死难者可能会在风刻成的无字碑里出现。

这里写死亡非常有技巧，不是直接地去硬说，而是在“死亡”背后来反推这个图景，这是很棒的隐喻的运用。

一首诗，它涉及的内容可能很简单，也可能很复杂。但是你如果破解一个核心的意象，你就会知道，暴力与死亡，是诗的永恒主题，同时也是其他艺术门类的核心主题。

林安琪同学灵感大发，写了三首诗，我们一起来读其中一首的前两段。

死

滴答，滴答。
血液缠绕在苍白的骸骨上，
你忧伤地唱着，那灵魂之歌。
如呐喊一般，
在我的坟墓上，
洒下细细的泥土。

黏稠的发丝，
悄悄地，向内生长。
且问君一句，
是否宁静，是否回归。
长叹一声，

却只留缠绵一角。

有同学评价说这首诗超时尚。

暴力和死亡的内容，在诗歌里经常出现。你们的人生经验还不够丰富，但是个人想象，会弥补经验的不足。我其实也不太相信经验，很多人的所谓经验也不过是人云亦云。反而，我更相信直觉，尤其是经过诗语言训练的本能直觉。而你们处在人生的第一次高峰期（也就是青春期）来袭的关键时刻，对生命的感受也一样鲜活，对暴力、死亡这些东西的想象，也很生动。你们会用特殊的词语，比如“骸骨”跟死亡联系在一起。“血液缠绕在骸骨上”有点伏地魔复活的意思吗？仇人的骸骨，亲人的血。这里传递出的第一个隐喻，就是死亡。“血液”与生命相关，也与死亡相关。“血液”，是人类生命中一个关键的隐喻。“血液”可以是生命的隐喻，可以是死亡的隐喻；可以是亲人关系的隐喻，可以是敌人关系的隐喻；可以是祖国的隐喻，也可以是世仇关系的隐喻。“血液”跟什么结合在一起，就会产生什么特殊的意义。

寓生于死是中国传统文化中的核心思考之一。

生和死之间，关系是特别紧密的。

三、核心隐喻的甄别与分离（骸骨 / 大鸟）

我写过一篇散文《清明记乐》，发在《文汇报》“笔会”栏目上。

一般的感觉，清明不会快乐，不能写愉悦的情感。但我在这里记载的是些发生在清明节的乐事。

小时候我成长在乡村，大姐骑自行车，我和弟弟坐在后面，一起去上坟。我们上坟很亲切，很认真，把坟包上的草除了，整理得漂漂亮亮的，然后上贡大肥鸡、糯米饭、水果给祖先吃。

在我故乡有这种说法，六岁以下的纯洁孩子，能看见祖先的身影。但我没看见过。弟弟说看见过，我总怀疑他是瞎说的。在我弟弟的描述中，祖先是以鸟的形象走出来的，据说像一只鹧鸪。你们不知道鹧鸪长什么样吧，你们可以想象一只鹌鹑的样子。这两种鸟有点像，现在也有家养。

对死亡，或许可以处理成一只大鸟。

用诗的语言表达——“大鸟降临 / 天空黑暗。”

用鸟来隐喻死亡，这个转换是可以的。

诗的创作，要有一个具体形象。

第二节　诗的细节

诗的细节感非常重要。

我们来分析第二段：

黏稠的发丝，
悄悄地，向内生长。
且问君一句，
是否宁静，是否回归。
长叹一声，
却只留缠绵一角。

逆向生长和逆向写作，是很好的角度。

现在说某女星年轻，就是逆生长。

有一部电影叫《返老还童》，改编自菲茨杰拉德的短篇小说《本杰明·巴顿奇事》。主人公本杰明·巴顿出生时是个八十岁老婴儿，随着时间的流逝，他越活越小，最后变成婴儿，消失。

从叙事习惯来讲，绝大部分小说都是顺时写作，从出生、长大到衰老、死亡，是一个完整的人生过程。但有人想到了逆时间会怎么样，还真的写下来了。这就是特别的作家，你不得不说菲茨杰拉德确实是一个脑回路跟大多数人不一样的大作家。

人出生时有没有可能是老头？如果有可能，会发生什么事？这样的事情应该怎样处理？

我们最智慧的先贤老子，据说是在母亲的胎中长到了八十岁才出生的，一出生就已经很老了，就已经是饱读诗书的鸿儒。这个传说，为道家师祖老子投射了一道美丽而模糊的炫光。最可能的说法，是老子生于某些山林氏族里，他从小被送到哪个神秘的地方学习，一直到老才出山，出任周朝的守藏史，大概是中央图书馆馆长的意思，管理周朝的图书和档案、资料。在那个知识价值如黄金，图书珍贵如象牙的时代，做这样一个图书馆馆长，权力是很大的，是知识的垄断者，因此，连鲁国的大学问家孔子都要跑去请教他——如同周代开朝元勋姜子牙一直到八十多岁还是个老农民，但是他坚持钓鱼，最终钓到了一条大鱼——九十岁的周文王！

中国传统文化中，有处理“时间相对论”的，例如“天上一日，人间一年”，如“山中方七日，世上已千年”。这些大家都听说过，那是道家的思考，对人生短暂和万物永恒进行对比。还有“黄粱梦”和“南柯梦”这样在一个短暂的梦中经历了一生的，是佛教的思考，认为一生不过也是“如梦幻泡影，如雾亦如电”的那种不实在感。一个普通的读书人，无论是官二代还是乡间秀才，其人生的轨迹大多是这样的：追求苦学—金榜题名—高官厚禄—衣锦还乡。但是，唐传奇里的名作《南柯太守传》和《枕中记》，就把这样的人生追求帮你浓缩了，就像是帮你制作一部二十分钟的小电影，让你看看你的一生——而且是将人生的辉煌尽可能最大化的一生。看看又会怎样？

用现代物理学、生物学的知识来讲，“本杰明·巴顿”这种倒着长的人是不可能存在的。但作家会构思：假如这样的话，一个人所遭遇的人生会是怎样？虽然生下来就是老的，但他的生命也有一个特定的长度。不管是从这头到那头，还是那头到这头，实际都是活没了：一种是从小到老活完，一种是从老到小活完。

有同学提醒说，本杰明·巴顿的人生长度是未知的，但本杰明·巴顿的生命长度是已知的。这个是对的。但他的经历也是未知的。虽然是逆生长，但在他从老变小的过程中，遇到的都是崭新的问题。

作为一个写作者，我很佩服菲茨杰拉德这篇小说的设定，以及开头。

一名作家给自己这样的挑战，是非常不容易的。非常规的写作会带来各种各样的未知数。

推荐你们读这篇小说，然后思考一下，这样“逆生长”的写作应该如何合理化。你会发现小说中存在一种特殊的“结”，很难解开。例如，一个人生下来就这么老，为什么？怎么生的？菲茨杰拉德有没有细写？是不是只能一笔带过？深想一下，其实是无法细写的。因此，不如不写，干脆直接就说：“本杰明·巴顿生下来就八十岁了……”

这样开头也是不错的，对不对？

可是，你们看，菲茨杰拉德是一个非常厉害的作家，他没有回避这个难题，他真的直接写了，而且找到了一个特别的角度：

现在，小孩在医院里发出第一声啼哭已再寻常不过了。不过在1860年，在家里接生还是理所当然。所以那年夏天，年轻的罗格·巴顿夫妇决定让他们第一个小孩在医院出生的时候，已经超前那个时代五十年了。

我只管告诉你后来发生的事情，信不信由你。

不同寻常的世界，不合常理的做法，是诞生怪事的重要背景。在美国，把背景放到内战之前，相当于在中国放到魏晋南北朝，那是一个发生奇异事情的时代，也是发生了奇异事情让我们觉得可以理解的时代。在那个时代，出现了《搜神记》《搜神后记》这样的神话故事集和《世说新语》这样的记录世俗人事的作品集。而菲茨杰拉德也很机智地把故事放到美国的“史前”，是在南北战争爆发之前。这样，当南北战争爆发后，各种奇怪的事情都会被合理化。

所以，在小说的开头，菲茨杰拉德跳过“接生”这一个没法写的细节之后，立即写到了年轻的父亲来到医院，与自己的“老儿子”第一次遭遇的特殊场景：

老头端详了他二人一会儿，突然以沙哑的嗓音发话：“你就是我父亲吧？”

巴顿先生和护士不寒而栗。

“如果是，”老头发牢骚了，“那最好能带我离开这地方——要不最起码也该叫他们换一个舒服的摇椅才对呀。”

“以上帝的名义——你哪儿来的？你是谁？”巴顿先生暴跳如雷。

“我也说不清我是谁，”还是那牢骚腔，“我才出生了几个小时嘛……不过，显然我姓巴顿。”

“你扯谎！你是冒牌的！”

老头无精打采地转向护士，“就这样欢迎新生儿，”语气很虚弱，“为什么不告诉他，他错了？”

“你错了，巴顿先生。”护士斩钉截铁地说，“这就是你儿子，你最好接受这现实。我们希望你能尽快带他回家——尽快——今天！”

任何人碰到这样的事情都会难以置信的，在我们的文化背景下，大家肯定立即认定这个老头是一个骗子，跟医院的医生、护士一起合作演戏来欺骗年轻的绅士罗格·巴顿先生。

问题在于，谁能相信一个老头是年轻的罗格·巴顿先生的儿子呢？

如何让这件事情合理化？一般来说，骗子也只能是找个婴儿来行骗，或者到了十几岁大时找一个小流氓来冒充某人丢失的孩子，没有人会想到找一个老头来冒充一个年轻绅士的儿子吧。

这，太不合理了！

小说嘛，就是要处理这种不合理的事情。要是什么都合理了，就不是文学，起码不是优秀的文学作品。

因此，菲茨杰拉德先生继续煞有介事地写"老儿子"和"年轻父亲"的对话，让荒诞的事情继续推到第一个高峰时段，让这个结打得更大一些，更硬一些，最好给读者以"无法解结"的印象：

"回家？"巴顿先生觉得难以置信。

"是的，我们不能留他这儿。真的不能，明白？"

"我很高兴，"老头又发牢骚，"真是安静人呆的宝地，四处都是哭哭闹闹，别想让我睡个安稳觉。我管人要吃的——"他升到一个让人发怵的音调以示不满，"他们居然给了我一瓶牛奶！"

……

"来！自己起来！"护士命令道。

"看哪，"老头突然喊道，"如果你觉得我会裹着这毛毯回家，那你就是大错特错了。"

"小孩子都是裹在毛毯里。"

噼啪一声，老头不怀好意地举起一件白色的小襁褓。"瞧啊！"他颤悠悠地说，"他们就拿这个对我！"

"小孩子都穿这个。"护士面不改色。

"好吧，"老头说，"这个小孩两分钟内啥也不会穿。这毛毯真痒，他们最起码得铺个床单！"

“穿着！穿着！”巴顿先生手忙脚乱了。他回头问护士，“我该怎么办？”

“到外面给你儿子买件衣服。”

巴顿先生儿子的声音又传出来了，到大厅都能听见，“拐杖，父亲，我还要一根拐杖。”

这段细节描写负责让整个故事从戏剧化中走向现实，要让人觉得，这是真正发生的三个人之间的错位“对话”。一部作品里令人印象深刻的对话，都是“错位对话”，而不是日常生活中的日常对话。小说到了第二章，写年轻的罗格·巴顿先生去商店给儿子买“婴儿”衣服的遭遇，既错位又滑稽，完全无法解释，最后他给这个“老儿子”买了一件“戏服”。这样的细节描写可以继续消解“老儿子”给读者带来的不适感。

你们看，跟通常的想象不一样，罗格·巴顿先生并没有怀疑这个“老儿子”的身份，作者也不会引导读者去想医生、护士和“老儿子”合谋演戏欺骗吃瓜群众。菲茨杰拉德先生不是在写一个荒诞的故事来骗点击量，他要研究的是假设一个人从老开始活到小，会是什么情况，可能发生什么事情。

我们要记住严肃写作的第一个原则：违反常理。

反之，通俗文学的第一个原则：遵循常理。

我总结了严肃文学和通俗文学的区分：

一、严肃文学反社会伦理，通俗文学迎合社会伦理。如，通常来说，社会主流都是反小三、反婚外恋的，而严肃文学如纳撒尼尔·霍桑的《红字》，居斯塔夫·福楼拜的《包法利夫人》和列夫·托尔斯泰的《安娜·卡列尼娜》，都是写“小三”或“出轨”的，这些伟大的作家都在考虑当时的社会道德以及人性的因素。

二、严肃文学站在弱者一边，通俗文学站在强者一边。严肃作家很少描述帝王将相，他们更关心小人物的命运；通俗文学最爱写帝王将相。

三、严肃文学关注不确定的世界，通俗文学描述明确的世界。严肃文学对现实总有不满足，对现存的道德伦理有质疑；通俗文学一般不质疑现存的道德伦理，而是在现存框架内写复杂、剧烈的情节和故事。

因此，作为一个严肃文学的作者，菲茨杰拉德先生不会纠缠在“本杰明·巴顿”是不是一个“老骗子”的问题上，他只是让这个“老儿子”开天辟地头一回出现在人世间，然后让他和年轻的巴顿夫妇的关系合理化，接着就写这么一个“老儿子”给罗格·巴顿一家带来的奇特变化。

我们也可以想象用通俗文学的手法来处理“老儿子”这个故事，加入医生、护士、老头三人的诈骗团伙的阴谋，他们的高超骗术竟然成功地让人们相信这个老头就是被年轻绅士罗格·巴顿抛弃了很久的私生子，然后，继续上演一场财富骗局。

倒也是挺热闹的，甚至可能是一部很好看的通俗小说，然而，这不是菲茨杰拉德先生的志向。

接着，我向大家推荐一套长篇科幻小说，美国著名科幻大家丹·西蒙斯的《海伯利安四部曲》——前两部叫作《海伯利安》《海伯利安的陨落》，后两部叫作《安迪密恩》《安迪密恩的觉醒》。这是一部创作于二十多年前的、超级宏大也非常超前的讲述人类与“人工智能”进行银河级对抗的科幻小说，其中很多精妙的想象，至今都非常有参考价值。

在《海伯利安》开头，有一个特殊的背景设定：学者温特伯的女儿瑞秋曾去机器人杀手伯劳的“光阴冢”考古，无意间碰到伯劳后，患上了一种极其罕见的症状（不是病状）——开始逆生长。每过一天，她的年龄就倒退一天。温特伯带着襁褓里的女儿，和其他七名来自不同星球，拥有不同职业、不同背景，为了不同目的的朝圣者一起，搭乘“巨树之舰”号飞船前往海伯利安星球时，于旅途中分别讲述了他们跟海伯利安那个“光阴冢”发生的不同的故事。每个人的讲述分为一章，如同著名的“罗生门”结构，各自有不同的视角和观点，构成一个复杂的海伯利安星球的特殊景观。

这个故事非常精彩，一出版就横扫了“雨果奖”“星云奖”等各项科幻小说大奖。

诗歌，一定要使用代替物，也就是代替词。为什么要叫代替词？我们写“死亡”，不用这个词本身。谈“暴力”，我们也只是描写一支枪。我们在反映暴力的主题的时候，可以避开暴力本身，我们会说子弹已经上膛。“枪械”“刀”，都是“死亡”的代替词。

当你在谈论那些主题时，死亡也好，爱情也好，一定要有各种各样的代替词。运用时，可以把不同的代替词运用在不同的语感上。寻找不同的代字、代替词，是写诗的首要任务。

第三节　图与画

鲁迅先生的散文《藤野先生》里写到，藤野先生是一名非常认真的教授，鲁迅读书时生物画描绘得特别细致，藤野先生给他一点一点改回来。藤野先生告诉他，医生所需要的图不用像画一样，把所有细节都呈现出来，而只需要体现出核心知识。比方说一个器官，体现其形象和功能就可以了。图，不一定需要最多的细节。我们在写创作大纲时，不要加入太多细节，只需要把整体轮廓想清楚。不过，一旦到了实际写作阶段，就需要进行细节的展现。

图和画：一个是抽象的线条，一个是具体的描绘。

“季节”是诗里很常见的主题，我们接着来读当代诗人宋琳的一首诗：

秋天的散步

披着落叶走向山顶的人，
是最早被秋天触及的人。
日复一日，总在同一个地方徘徊，
不时停下沉思，突然又大步流星，
落叶纷纷，加速着树木的失血。

干燥的田野和天空，意念触及
同样干燥的鸟巢，花的断梗，
一架红色拖拉机陷入土中。

云像烙铁在水下冷却，僵硬，
琥珀的状态，一种透明的悲哀。

你喜欢站在这棵树下，
瞻眺，水牛般反刍着夏天。
但乌鸦的声息从另一棵树上传来，
这死亡国度的使者金光闪闪，
它一开口，众鸟都沉默。

火焰坠落，一簇簇生命的火焰，
多少词语的碎片就这样交给风。
在城市与虚伪地走来的夜之间，
暝色一滴滴注入原野的荒凉，
风中连太阳也打了个寒噤。

你想起一只怪兽的面庞，
瞬间恐惧穿透颅骨。你也想起，
看得见的不能使想象满足，
看不见的徒然于烦恼的猜测：
神？空气？体内含盐的信仰？

蛇蜕去蛇皮，獐子留下蹄迹，
树木尽将脱去美丽的衣裳。
林中的黑暗是多么团结一致，
而你的思绪月亮一样苍白，

苍白而孤单，飞过山顶。

“披着落叶走向山顶的人，是最早被秋天触及的人。”

这两句诗里有一个核心意象：在散步时，落叶不断。

秋天的景观之一是落叶，落叶就代表着秋天到了。因此，落叶和秋天是可以互换的。

我们在写诗时，主要要用具象词来替换抽象概念，例如用“落叶”替换“秋天”。后面，诗人继续写到干燥的田野和天空、同样干燥的鸟巢、花的断梗、红色拖拉机，还有云像烙铁在水下冷却、僵硬，这都是具体景色描写，形成了一幅具体可感的“画面”——有色彩，有物件，有轮廓，有远山和天空。从诗的特点来看，还有“混响”。

具有“画面”感，是现代诗的一个很重要的特点。

我们在语文课本里看到的，大多是抒情诗，空洞抒情，“啊啊啊”之类都是很空洞的，缺乏真正的感染力，可以说是“伪诗”。

第四节　具体隐喻

具体的隐喻有个转换的过程。

上次读过张枣写的《深秋的故事》：“向深秋再走几日 / 我就会接近她震悚的背影”。写秋天，诗人把秋天作为一个具体的人来描述，而不是抽象的季节。实际上，我们是无法“向秋天走几日”的，秋天不是石头、不是小路，我们是无法向它实体地走近的。但诗句可以铺成一条路，把秋天想象成一棵树、一个美人，你就可以再向树、向美人多走几日，回溯河流，进入深山，就能看到她的“背影”了。

具体隐喻对写诗来讲，是特别重要的。

下面再来读一位同学的超短诗作。

沪春

四季

这位同学说，是表达不同的人对现在这个时间点所产生的反应。表明沪上的春天就像四季，一个季节拥有四种不同的季节？看来这首诗是北岛《生活》的同款。

你们觉得这首诗，能完整地传递出你们对诗的具体感受吗？

“春天”和“四季”，是同属性的词。而“生活”和“网”，是不同属性的。

之前说过“距离远的词”和“距离近的词”，现在分析这首诗，会发现，用同一属性的词表达另外一个词，诗意的空间是不够的。

两堵墙，如果离得很近，容纳的人就很少。如果两个词距离很远，空间就会拓展很多。诗，就是要寻找空间很大的东西。在考虑修改这首诗时，要寻找能把诗的空间变大的词语。

我们做一个简单实验：用其他词来代替它。

语文老师都可以在课堂里做这个练习——找合适的新词替代不恰当的原词。

如果练习做下来，同学们和老师们发现替代不了，那就说明这个原词用得很恰当，恰当到无法被拿掉的程度。如果发现无论用什么词都能代替这个原词，就说明原词不够稳定。

现在，请每个同学都想一个词来替代“四季”。你们可以随便想，我写在黑板上：

尴尬 无常 非春 七言绝句 森罗 春夏秋冬 喜洋洋 花开叶开 空调 春乎 绿地申花 变化 麋鹿 皇上

同学们一共提供了十四个词，有些同学似乎是故意捣蛋的。

上周我让你们随意发挥，每个同学随便想一个词，十九个词很快被我写出来了。现在因为有“沪春”这个题目，有“四季”这个词在前，大家发现没有，我们的思维就受局限了，一下想不到那么多词。因为，词语与词语之间是有黏性的，就像原子与原子之间有吸引力一样。

我们接下来要说的主题是：词语的黏性。

第五节　词语的黏性

一、词之间不要转译

同学们来看这十四个词，投票：哪一个词最合适替换“四季”来描述“沪春”呢？

“皇上”有一人投，“七言绝句”有一人投，“尴尬”十三个人投。难道你们都觉得“尴尬”最合适吗？这可真是“尴尬”了。

你们觉得“麋鹿”这个词可以替代吗？这个词的意思是什么呢？我们解释一下，麋鹿就是四不像，现在你们的想法呢？

现在，麋鹿得了全票，十九票。

这个结果表明，你们是受到了我的“引导”的。

我的看法，“沪春”与“麋鹿”之间没有直接关系，但“沪春”和“四不像”似乎就产生有机联系了。两个词之间，隔着一个“转译墙”，不过相似性不太大，因此“转译”的渗透力不强。但老师解释了，引导了，同学们似乎恍然大悟，似乎都领会了。

由此可以看到，相似性不强的两个词放在一起，往往需要再翻译，就像日本人跟塔斯马尼亚人讲话。后者说了一句话，日本人听不懂，但再解释一下就又懂了。

一首诗中的词语，如果需要第三方转译，那么就不是诗的最佳表现方法。

二、抽象与具象互换

“尴尬”用来描述“沪春”，是抽象和具象的互换，是不是最合适的？这个大家可以保留意见。“无常”也很好，既可说生命无常，也可以说黑白无常。这个词含义丰富，也能解释“沪春”的复杂。我刚才讲，要找到两个属性远的词。“沪春”和“四季”这两个词的属性离得不远，但“无常”与“沪春”距离就远了很多。诗的词语选择非常重要。

我们再来做个实验。

刚才十四个词里，具象词不多，“空调”算一个，“麋鹿”算一个，“皇上”算一个。

有人说，“沪春”和“绿地”，或和“申花”是对仗的。不过，写诗不是写对联，对仗会产生滑稽感觉、熟悉感觉，但诗意不足。对仗仅是词语意义上的互换，还不能呈现出一个更广阔的诗意空间。

刚才解释麋鹿是四不像，大家似乎更认可了，因为四不像给我们带来了想象空间——上海春天特别复杂，天气变幻无常，无法很简单地去描述。这就叫四不像，或者无常。

绿地、申花这样对仗，在写对联时会用得上。有些同学可能背诵过《笠翁对韵》，什么“天对地，雨对风，大陆对长空。山花对海树，赤日对苍穹”之类的，挺押韵挺好玩。但我不喜欢这种东西。一对仗，就把很多词对死了。说到风，就要对雨，说到天，就要对地。把这些词都做死了，空间被压缩得很小。对仗是词意压缩的方式，现代诗是拓展诗意的，出发点完全不一样。

第六节　找到词语关系

接着再分析另一位同学的诗作：

无题

我扭头看向它
它没有一如既往地
扭头看着我

我抬头看向天空
天空一如既往地
默默地低头看着我

呐，天空啊，你说
为什么我们都会死去？
死去有什么意义？

孩子，那是我们谁也无法改变的
它会死，亲人会死，你也会死
即使是我，在你死后，也会死。
你知道什么是永恒的吗？
是死亡。只有死亡是永恒的。
只有死亡是我们都无法逃避的。

（作者后记：它是一只蝈蝈。那年我写了很多关于它的日记和作文。但是在冬天的时候它死了，当时我哭了好久，然后记下了它的死。）

这首诗带着强烈的真情实感，作者后记写到，是源于一个真实事件。诗的主题非常鲜明，是死亡。这么鲜明的主题，其实不容易写出好诗。你想把所有问题都写清楚，你想要表达的意思是，任何事物都逃不过死亡。但往往有时，反而不应讲得那么清楚。

阿根廷文学大师豪尔赫·博尔赫斯写过一篇小说，讲了一个生活经历特别丰富的人，强盗也做过，掮客也做过，好多坏事都有他的份，但是他得意扬扬地躲过了所有的追捕。最后，在西班牙一个小镇的街上，他被一直“跟踪着他”的一辆马车撞死了。

“一直跟踪着他的一辆马车”，就是死亡的隐喻。这个车祸是偶然事件，直接写就是，他在西班牙一个小镇上被一辆马车撞倒，死了。但是这样表述不够精彩。博尔赫斯的小说会有更棒的语言：那辆跟了他一生的马车忽然出现，把他撞死了。博尔赫斯把一个死亡事件，用一辆飞速奔跑的马车代替了。

上面同学的《无题》，也可以叫作《一只蝈蝈的死亡》，对我引发了震动，产生了对死亡的思考和很多追问。如果直接写蝈蝈“如一块沉默的石头”，会怎么样？

不直接写死去的蝈蝈，改用“沉默的石头”来代替蝈蝈，这样就产生了隐喻效果。诗尽量不要说尽，留有想象空间。如果要进行修改，可以用这种方法来推敲，用距离远的其他实词来代替死亡。

今天课上讲了很多死亡的意象，骸骨、墙、火焰、爆炸、暴力、血液，都是比较恐怖的意象。

我想，更恐怖的可能是具体的活动中的“图景”。如“一只蟑螂从腹腔钻出来”，这就是非常诡异的、恐怖的景象了。要把恐怖具象化，把死亡具象化——具象化表达会产生生动的隐喻，这是诗的灵魂。

今天讲到了词语的黏性，讲到隐喻及具象化的表达等，希望这次课能让大家对现代诗理解更深一点，更宽泛一点。

现代诗和古诗词理解角度不同。

我提出，要从“隐喻”角度理解现代诗，用“意境”理解古诗词。不可以混为一谈。

文学教材里谈到传统诗歌，会告诉我们“意境”是古诗词的重要评判标准。

国学大师王国维在其名著《人间词话》里说，古诗词中意境最好的是李白《忆秦娥·箫声咽》里最后一句：“西风残照，汉家陵阙”，大赞说：“寥寥八字，遂关千古登临之口。”千古以来无数人写过壮美景色，但李白用八个字就彻底把他们“灭口”了，其他后来者也被“灭口”了，再也写不出来了。

西风、残照、汉家、陵阙，这四个意象非常之浩大。最少的词、最远的属性，放在一起，呈现丰富诗意，这是古诗词的大当量核爆。

作业：

唐代大诗人李白有一首名诗《侠客行》：

赵客缦胡缨，吴钩霜雪明。
银鞍照白马，飒沓如流星。
十步杀一人，千里不留行。
事了拂衣去，深藏身与名。

……

这首诗的内容取自《史记·魏公子列传》，中学课文节选为《信陵君窃符救赵》，讲述了魏公子信陵君依托了一文一武两位义士侯嬴和朱亥，而得以“窃符”行兵去解了赵国被秦兵围城的故事，着重写了侯嬴和朱亥的惊人事迹。

请以这首诗的内容为依托，构思一篇“武侠小说”。

要点：原诗中的人物关系可以进行调整，把强关系和弱关系进行互换，也可以把主角进行调换，让配角成为主角，甚至信陵君也可以写成若有若无的角色，但变化之后，相应的人物和人物关系也要合理化。

字数：2500 字。

第八讲　语言的运用与逻辑关系

意大利文学大师伊塔洛·卡尔维诺在他的演讲稿《未来千年文学备忘录》里谈到了文学中的“轻盈”（lightness），是超脱了一般意义上的所谓现实主义的约束，进入了幻想的境界，达到了类似《梁祝》那样的蝴蝶双飞的效果。

今天开车来上课的路上，看到一个交通标语：“严禁无牌、假牌车辆上路”。

这句话我看了很久，怎么看怎么不对头。

在上课前，我想和大家简单地交流一下：为什么这句话别扭？

我们研究一下，这句话想说的核心内容是：假牌无牌的车是违法的。

但是，按标语的这种方式表达，似乎也可以理解为：如果严禁就不能上路，如果不严禁就能上路了。这句话的表达，给我们以这样理解的可能。

在法律条文、公文里，一句话的逻辑、外延一定要非常清晰。刚才这句话如果要表达得更清楚，应该改成：“假牌、无牌车上路是违法行为。”不在于严禁不严禁，即使不禁也是违法。在这种需要严格规范的表达中，涉及的范围都要囊括进来。

准确、严谨，是公文和法律条文表达的基本要求。

现在的交通法规、各类道路标志牌里，存在大量的不严谨表达。

开车上路，我常常看到很多标语表述不清楚。语言表达清楚、准确很重要。涉及法律，上升到纠纷或诉讼时，律师或者其他专业法律人士都会对表述中的文字进行推敲，看有没有漏洞，如果有漏洞，就可能会有剧烈冲突。

法律和公文写作，准确表述，是基本要义。

应用类文体的写作，包括写信、申请书、书评、影评、乐评等，对行文来讲，准确都至关重要。

这是题外话，想到了就说。

接下来我们开始正式上课。

第一节　动物类小说

第四课的作业是写动物小说。

这次写作整体水平都很高，虚构类、想象类的文体，大家写得都很好。我上次批评你们应用类写作不好，可见你们的写作能力是被压制了。应用类写作的要求，条条框框比较多，给你们的想象造成了障碍。

写作就是要破除障碍：

1. 心障。总觉得自己写不好，写出来的东西没什么意义。写作并非处处都需要寻找高大上的意义，写作本身就是意义。学生，写点自己喜欢的玄幻作品，用一个笔名悄悄传到网站上去，也有意义。老师，写点工作心得，发个长微博，写个博客，也有意义。

2. 知见障。有些老师懂得很多，觉得对这个世界简直是无所不知、无所不懂啊。我在一些微信群里，看到很多语文老师谈形式逻辑，谈哲学，谈儒家，似乎什么都谈，就是不谈语言和文学。语文老师不关注语言与文学，不在这方面修炼自己提升自己，老是去谈那些干吗？吓唬自己和吓唬学生？

《论语·学而篇》说：“君子务本，本立而道生。”

做好自己的本职工作，之余，继续进行深阅读，坚持“舞文弄墨”写点文章。有感多发，无感不发，磨炼自己的语言刀刃，提升自己的思考力。这就是“君子务本”。做你自己本行的、专业的事情，而且要深入地做，然后在这个专业的基础上拓展，不断延伸你的外围，从语文到哲学，到人工智能，到大数据，形成对世界、对人世更加敏锐的观点。这就是“本立而道生”。

说起来并不复杂，做起来比较困难。

怎么做呢？最基础的也是最有效的方法，就是阅读，读完之后写读后感。没有特别激动，写两句话评一下发朋友圈，与朋友们交流一下，是简短的写作；深有感受，写篇书评，发个长微博，发个博客，发个公众号，或者贴到知乎、豆瓣去，形成自己的“阅读朋友圈”，更多地交流，更多地拓展自己。

一口吃不了一个胖子，连瘦子也吃不了。但是，慢慢积累，到一段时间后，你会发现自己居然写了这么多东西。就是一种成绩。

我一直在给《新民晚报》写一个“流行词手册”专栏，好几年了，积累了近一百篇文章。每篇不长，但加起来也有二十万字了，出一本书，很厚，很有成就感。

这都是积累，积累就会有所得。

种瓜得瓜种豆得豆，首先要种下去，倒也不一定每一粒种子都能生根发芽成长，但是播种是第一个条件。我为什么在这里一直很提倡同学们坚持写作，写虚构作品来提升自己的写作与阅读呢？这就是一种很好的积累，同时，如果你有心，对你的语言能力的提升，也是有非常明确的好处的。

但是，破除障碍很难，不是一下子就能做到的。尤其是，很难坚持。

我的体会是找一个约束自己的方法，以积少成多。

第一，写书评、影评、游记，有感而发，长短不计。

第二，发朋友圈和微博时，尽量写一个完整的句子，一段完整的有观点有内容的话。140个字，表达一个完整的小观点。避免胡乱点赞，少发emoji（表情符号）。给人发微信，要把一整段话写完再发，不要一句话发四五次都没发完。

我们现在讲到了第八课。

前面几次作业写下来，我发现同学们写虚构类作品时比较有感觉，松弛、自由、想象力丰富，写得很好。上次改写唐传奇《昆仑奴》，这次写动物小说，都有很多不错的作品。

姜力同学走日本动漫路线，写法和其他同学不一样。他写在一个地穴里，浣熊长老和狐狸长老召唤七大武士与人类决战，确实也非常绚丽，很有画面感。他一以贯之都是写日漫风。从写作本身来讲，有好有坏，有利有弊。好的是你脑子里的思维套路很发达，写到日漫风文章时很起劲，一篇文章写得很长。有所欠缺的是，日漫风有强烈的风格化倾向，很难运用到其他类型的写作里去，很难合理化。

动物类小说有两个基本特点：

1. 角色人格化；

2. 角色定位多样化。

一、角色人格化

动物类小说无论怎么写，基本上都是写人，表现的是人类的情感，把人的情感写到动物身上。这个可以说是“动物人格化”。

吴宇琛同学没写成小说，写成了科普论文，这就说明没有做到“动物人格化”。

可以说，90% 以上的动物小说都是人格化的。

浣熊也好，狐狸也好，都是不同的人格化角色塑造。

有名的动画大片《功夫熊猫》里，熊猫阿宝和五位超级师兄的师父是小浣熊——据说“小浣熊师父”这个角色非常受青少年欢迎，甚至比熊猫阿宝更招人喜欢。

在《功夫熊猫》里，所有动物都人格化了，不同的动物类型代表了不同的人类情感：这个是可爱的，那个是可恶的，这个是肥胖的，那个是敏捷的。有同学把狐狸写成肥胖狐狸，人类来袭，慌不择路打算钻洞，太胖被卡在洞口了。通常我们觉得狐狸都是身材长得很苗条，敏捷而犀利，精明且狡猾，但肥胖狐狸这个设定角色，与大多数人的习惯看法有反差，就是很棒的。

动物小说有人格化的，也有非人格化的。

后者非常少，但也有经典的作品。你们看过的西顿的动物小说比如《狼王洛波》，就不是人格化的，而是按动物学家的观察来写一匹凶猛又机智的老狼。这匹老狼非常厉害，无论猎人用什么办法想去捕捉它都没有成功，有些猎人还失败得很惨——只有作者西顿先生想出好办法，把这匹狼抓住了。这是一匹非人格化的老狼。

在人类文明中，狼一直是一种很特殊的隐喻。

狼王洛波象征着十九世纪北美那个丛林世界、平原世界、荒原世界里的原始力量。

杰克·伦敦《荒野的呼唤》也超好看。

以野狼来写文明和自然的差别，代表着自然和人类之间不同的精神反差。在《荒野的呼唤》里，自然界对动物野性的激发成了这部作品的核心驱动力。

有一位同学写到浣熊在城市里生活很久了，自我感觉一直超好。有一天碰到另外一个浣熊说，我们不是欧洲的，不是德国的，我们的祖先来自美洲。那个浣熊说，我以后要回到美洲去，挑战美洲虎、美洲豹，要成为一只勇敢的浣熊。“精神冒险”这个设定很好，他也是同学们中唯一这么设定的。他对浣熊的设定是自我感觉很好，试图离开这个无所事事的庸俗城市，回到原始的丛莽世界去。一般人们会把浣熊设定为可爱的、小小的、柔软的，这位同学定位为英雄主义者，就有反差了。这篇作品构思超棒，不过写得有点短，以后还可以考虑再延展。按照这个自我感觉很好的浣熊的套路往下写，可以写出很好的浣熊冒险记。

沈庆同学写的是浣熊搬家。

浣熊一家驾驶飞机从森林搬到城市。

这是反操作，角度也很棒。人类文明的主线都是逃离城市，回归自然。这里的浣熊一家，人家是逃离森林来到城市，还驾驶着人类的飞机飞过森林，飞过草原，飞到城市。唯一觉得不过瘾的地方是浣熊爸爸驾驶飞机这个背景，可能需要更仔细地写一下，用细节来表现他驾驶飞机的状态。浣熊很小，飞机很大，他为什么会开飞机？实际上是怎样操作飞机的？是不是几个孩子也帮忙搬弄各个操纵杆，忙得不亦乐乎？要运用细节，使整个情节合理化。另外在细节上还需要优化的是，文中讲飞机摔成两半，这个可能性不大，摔成两截倒有可能。还有，故事结尾可以再提升：浣熊爸爸带领一家飞到城市里，看到了城市的各种风景，还看到了大海，是正常叙事的；但后来转折了，转折略大了一点——飞机摔了下来，人类出现了，文中的浣熊一下子就变成了小可爱。这跟之前浣熊爸爸很厉害的设定，就产生了不一致。在研究这篇动物小说的走向时，我觉得要前后文保持一致——假设他们从森林来到城市，在飞机摔成了两半后，跳下来继续飞奔在路上。整个过程是很欢脱的，甚至打打闹闹，进行野餐，这和前面的风格就是一致的。原文的结尾中，人类来了以后，浣熊一家就变成了小乖乖，这个跨度略微有点大，除非一开始就写浣熊爸爸很狡猾，要心机装可爱。但是，假设浣熊爸爸是狡猾的，就不是现在这种框架了。

说到心机，真有一篇文章是写心机狐。

伍培源同学的《阿尔卑斯狐的传说》，六千多字。一个作业写这么长，你们以前肯定没有过吧？字数多，意味着写出感觉来了，字数少不足以表达你的丰富想法。

大家有没有看过《百变狸猫》？《阿尔卑斯狐的传说》借鉴了它的一些手法，说阿尔卑斯狐狸麦克擅长变化来捉弄人类，还顺利地混进了林业部，给那个将要破坏黑森林的建筑公司老板下了禁令，不许他再开工。狐狸麦克原本可以成功地完成这个使命的，但被人类老板的助理看出了破绽——因为这位戴着眼镜冒充林业部领导的狐狸麦克，一转身就在镜子里露出了一张搞怪狐狸脸。哈哈，这个狐狸太有意思了，就不能忍一下吗？得意太早了啊。最后，狐狸麦克被扭送到总统那里去。这里出现了一个突变——狐狸麦克到了那里时说：按我的能力，手铐能铐住我吗？我只不过是找个机会来跟总统谈判的。

十几位同学，每一位同学的构思都不一样。人类的创造力可能就体现在这里，这是人工智能还代替不了的核心能力。你表达看世界的观点，是你作为独立个体的表现。

倪晟宣同学写了一个浣熊欢脱且悲催的一生，以自述的方式。小说里，浣熊在城里原本过得挺好，可欢脱，可无忧无虑了。在欢快的“熊生”中，却也发生了可怕的事。这篇《浣熊之死》想说的是，那种貌似让你安逸、让你富足、让你丧失警惕的生活，可能是囚闭你的牢笼。你们看，这就上升到哲学思考的高度了。

我们发挥一下，理解“祸福相依”的哲理。可能碰到不开心的事，反而会让你警醒而改变自己的人生。比如我十几年前买过一套小房子，那是经济适用房，地方偏僻，建筑质量不好，环境也差。楼上漏水，隔壁有人跳操，各种嘈杂影响，对我来说很不舒适。反过来讲，这些不利条件是释放你能力的动因。因为这房子不好，你被迫考虑搬迁，被迫买了新房。买新房总不能像旧房那么小吧？结构也要好一点吧？小区环境要讲究一点吧？就这样，一不小心发了点小财。所以，变化，是人生中的重要因素。有同学看过《易经》，《易经》就是研究变化的，万事万物变动不居，人生和草木一样，有春有秋，每一个变化中，都包含“吉凶悔吝”四种可能。所谓“吉凶悔吝者，生乎动者也”，是说世界万物，我们这个人生，每一“动”都包含了四种可能，“吉”只占了四分之一，也就是说，每一“动”真正好的可能性是百分之二十五，剩下的呢，“凶”那么不好的可能性占百分之二十五，还有“后悔”占百分之二十五，“困苦”占百分之二十五。这么看来，“动”不如“不动”，跑来跑去不如“龟息”。所谓“天行健，君子以自强不息”的这些自我感觉担负着天命的人，如果不能调和动与静之间的关系，可能会消耗太大，身体毁坏了，精神颓唐了。像同学们每天有大量作业，“举头望明月，低头做作业”，晚睡早起，天天想着作业，没完没了，“垂死病中惊坐起，今天还没写作业”。消耗太大，作息不规律，不能做到有张有弛，也是过分消耗精力体能的。

但也不是说，那么就不动了最好，天天打坐，每天入定。

不要轻易变动，看好了，坚决行动，然后为了这个行动的目标，一直向前。

有些人炒股票，喜欢跟风，抛来抛去，高吸低抛，成了被人吃的小鱼小虾。据说，高手是看大势，顺势而为，找到好的股票，就进入、建仓、潜伏，其未来看到几年之后。

股神巴菲特说过，他的成功有两个原因：第一，是身处国力强盛、经济蓬勃的美国；第二，坚持几十年拿着好股票。

人生各种事情，大抵如此，要有定性，才能取得更大的成绩。

例如我，就不够有定性，所以不太成功。我换房子，碰巧算是被天上落下的一块人民币砸到了。但这不是因为我有预判力，而是被原小区那些不好的因素逼迫得不得不换地方。我跟太太说，也许这就是好命，菩萨用这种奇特的方式来点化你，让你不要安于现状，是时候动一动了。

我搬进新房子后，很满意，喝茶喝足了，跟太太说，糟糕，我们成功太早了！

我前些年发明了一句话："美好事物，是幽禁我们的笼子。"

从此以后，我们安于现状，自我满足，再也没有发财了。

美好事物和不美好事物带来了不同的选择机会，给你不同的驱动力。我们要认真思考所谓的好和坏、正和负、前和后，它们都是不一样的，因此应对方式也不一样。

老子讲"高下相倾""前后相随"，相互之间都是可以转换的，再深入下去，会相互转化。

从倪同学的故事里我们得出了这样的启发。这只浣熊生于忧患，死于安乐。我也没有发财，因为我成功太早，过得比较好了，没跟上时代的变化，再也没有动过，于是就丧失了机会。

总结以上的经验，我们可以这么说：不可不动，不能乱动。

二、角色定位多样化

有同学想得更搞怪，把浣熊和狐狸写成了"好朋友"。

杨奕磊同学的《无名》里，狐狸和浣熊关系非常好——浣熊不谈恋爱，狐狸也不娶妻，两位"相亲相爱"。

林安琪同学的《狐狸与浣熊》写浣熊碰到了狐狸的故事。狐狸自我感觉非常好，整个城市都可以搞定。但浣熊想法不一样，他很小心。有一天浣熊逃到了森林里，看到一个人身上披着狐狸的皮，那就是他的好朋友。你看，是不是不明觉厉啊？

狐狸和浣熊，我给了你们一份素材，你们却想出这么多好的结构，我根本没想到会有这么多这么好的可能。不明觉厉，都很有哲学高度，都很有意思。

为什么说虚构写作可以开拓我们的视野，提升我们的想象力？

因为虚构写作可以给你各种可能性，你完全没有想到还可以那样去思考。

加拿大多伦多大学的心理学家研究表明，多读虚构类的作品，有助于防止上当受骗、防止痴呆。这个观点，有一系列调查的数据可以支撑。

牟子月同学跳出了狐狸和浣熊，让一匹红狼做主角，以红狼的口吻来谈论自负而可笑的人类。人类一直在猎杀红狼，导致红狼几乎灭绝了。幸存下来的这匹红狼是一个思想家，他谈论宇宙、自然、人类和森林的相互依存关系，认为红狼灭绝了，就意味着这个世界丧失了一个重要的平衡力量。这个设定非常好，跳出了原来给你们的框框，用红狼的思考衬出人类的自大甚至是无知。人类疯狂地猎杀红狼，狐狸和浣熊没有了天敌，于是数量激增，占领了柏林，蔓延到全德国，乃至其他欧洲国家的很多城市。这个故事的变化很巧妙：红狼后来学会了变形，带领少数的狼族变形潜入城市，准备向人类发起总进攻。这时，他们发现人类早就被浣熊和狐狸征服了。红狼非常意外，也很得意：果然，人类受到了报复。

我给你们出题时，可能只要求你们对角色定位起码要有两样化，但你们却发展了，有三样化甚至四样化。这就是你们青少年很厉害的地方，只要一释放，就会想到很多奇特的角度。

有热爱战争的同学，如范骥庆同学写浣熊和狐狸两大军团彼此敌对，为生存而战，为争夺粮食而战。他还为这些军团取了有趣搞怪的名字，比如“等差数列军团”。这个名字取得太好，是从数学中得来的灵感，但对我这个文科生、数学渣打击很大，搞得我很汗颜。不仅这个，还有一些跟数字有关的名字都取得很好。

写作时，取名字很重要，也很有讲究。有的同学想到了给人物取个名字，叫杰森、迈克，有的只叫他们浣熊和狐狸。还是取一个名字好，不然读者会读着读着忘记了。

范骥庆同学是数学尖子吗?

看完你的小说，我发现你不只是数学天才，小说也写得很不错。你写浣熊和狐狸发生了史无前例的战争，他们用蛋糕互相攻击，用各种食物相互攻击发射炸弹。故事结尾更棒，说大家争夺的是粮食，但是最后浪费掉最多的也是粮食——对战争的荒谬揭露得恰到好处。

还有一位战争爱好者李泽睿同学，写的是《天下大乱》。小说里人类无法忍受浣熊占领了柏林，往柏林投了一颗生化导弹，结果人类灭绝了，浣熊好像没有灭绝。二十年后，人类派出侦察部队潜入没有人烟的、像切尔诺贝利核电站般的爆炸后的荒芜柏林市。很不幸，侦察部队也没有了消息。小说结尾在这里，非常厉害。想想，这也挺恐怖的。到底是浣熊成了精还是什么？很有悬念，后面还有可延展的空间。

吴深深同学写《城市生活》——熊爸爸保罗晚上出来活动，找吃的找喝的，忽然给打晕过去了，醒过来时看到胖狐狸路易斯。保罗很生气，但路易斯说，我救了你的命，你不要这么生气。两位哥们就聊得特别投机。保罗回家后，发现胖狐狸又出现了。正在聊得很高兴时，突然说有猎人来了。胖狐狸路易斯因为太胖，钻洞逃命时被卡住了。

第二节　评论文章

我们接着要讲一下评论文章的写作。

同学们平时更喜欢看电影还是读小说？

请同学们用简短的一句话，说一部自己喜欢的电影或小说。

刚才大家说了这些，我写在白板上：

1.《三体》；2.《蝙蝠侠》；3.《白夜行》；4.《蝙蝠侠大战超人》；5.《金刚狼》；6.《唐人街探案》；7.《蜘蛛侠》；8.《恭喜发财》；9.《七宗罪》；10.《茶人三部曲》；11.《十面埋伏》；12.《深空九号》；13.《功夫》；14.《第七天》；15.《奇幻森林》；16.《分歧者》。

我把今天的作业先布置一下：每位同学根据自己刚才说的作品，写一篇书评或影评。你们说了什么，就写什么，不能改了。我等会儿会拍下来作为凭证，像下棋那样落子无悔嘛。

写的时候，不要有思想负担。书评影评也不一定要写经典作品，只要是你们喜欢的，有感而发，就能写出来。

你们有时候会上“豆瓣”吗？有时会看某部片子下面的影评吗？

“豆瓣”上有些影评书评可能是“托儿”写的，但也有些独立影评人写得很好。

“豆瓣”上曾有一个“行为艺术”的事件。有人发表了一篇影评，虚构了一部电影，还煞有介事地给这部电影编了导演、主演、出品方、发行方、内容简介等等。他想做一个实验来钓鱼，看看有多少“豆瓣”网友是没看过影片却来冒充的。

这篇影评发表之后，下面有两万多人点赞。

这是很多年前的事了，是《南方周末》一位记者做调查写的报道。

明明是一部虚构的电影的影评，后面居然有这么多人表示自己看过，很棒、点赞。大家看看，这个现象也是非常有意思的。

“豆瓣”的影评版里面有很多专业的影评家。

我认识一位著名的影评家，她特别擅长写跟电影没什么真正关系的细节，然后再引入看电影的感受。一般来讲是这样的：一开始先讲自己遇见的事情，比如，今天我去看电影，空荡荡的公交车上，一对男女紧紧地贴在一起，就像双胞胎一样。写完这个，再说去看的是什么电影，电影讲的是什么，拍得好不好。这是她的影评套路，很多人都爱读。

今天的作业是写评论文章：书评、影评。

今后不管你们从事什么职业，都要用到写文章的能力。在座有若干位同学在写作方面都很有潜力，也许今后可能会成为作家，成为导演。

接下来，我们讲书评和影评主要涉及什么。

一、内容概括

你将要写到的那部电影或小说，先要概括写出其内容提要。如果不是大片或流行小说，而是很少人知道的、特别偏的作品，要写得详细一点。极流行的《功夫》《美人鱼》这种超高票房的，可以简单一点。《七宗罪》这种，不妨写得详细一点——这是美国片里较经典的一部片子。

如何概括内容？内容概括包括：作品名字、主角、制作人员、故事简介。读你的书评或影评，读者要知道你谈到的对象是什么，你的评价如何——同时，又不能过分剧透，要掌握分寸。

二、如何评价

对一本书或一部电影的评价，是评论文章的最核心部分。

那么到底应该如何评价呢？评价有一种叫作就事论事法，有好有坏，各从其类。如果只是简单地呼喊说：太好了、太好了、太好了！这就是无脑粉丝了。

写评论文章，要说出为什么好，理由有一二三点。

一般来讲，“好”体现在人物生动，故事复杂，情节有趣，反转令人惊讶。电影有自身区别于小说的特点，是图像画面带来的直接感官感受。有些导演追求运动中讲故事，有些导演喜欢静态地推演。一般来说，好莱坞式动作大片会采用更多的运动镜头，大密度信息量蜂拥而至；而个人特征比较鲜明的“作者导演”就特别喜欢画面感，喜欢用长镜头，动静间有留白。

二十世纪五十年代，法国出现了电影新浪潮，也出现了电影新理论。对电影本体论的再认识叫作影像本体论，以《电影手册》主编安德烈•巴赞的文章为代表，有世界性影响。这个“影像本体论”强调影像本身就有意义，故事的叙事过程要以高质量的画面和影像效果来体现，因过分重视影像本身所能达到的效果，而弱化对故事复杂性的追求。这是欧洲和美国电影重要的分野。好莱坞电影以故事推动为主，而欧洲的作者电影更多强调特殊的、电影本身才具备的魅力。

今后如果你们有人要做影评家，对这些理论要有所了解。

有同学问了，《蝙蝠侠》这种影评怎么写，似乎都写滥了。

通常来说，影评是比较追新的。一部旧电影，被人们评论过多，后来者确实不容易写出新意。不过，每个人都有自己的梦想。蝙蝠侠、蜘蛛侠、超人这些角色，是人类超越自我的梦想。我们总希望自己拥有这种超能力，然后实现自己的一些梦想。

我像你们这么大时，梦想成为武林高手。小时候我打不过其他同学，成为武林高手就可以把他们一个一个都打趴下了。再大一点时，我又梦想自己轻功卓绝，有人要打我，我就在水面上漂过去了，跟蜻蜓一样轻巧敏捷，自由自在。

每一个人都有自己的梦想。

艺术家把我们儿时以及逐渐长大成人过程中的各种梦想综合起来，发展成了艺术。梦想是艺术的驱动力。

中国本土的电影和小说，长期受制于一个理论：现实主义。

我这些年一直在反思“现实主义”理论的问题。

我认为“现实主义”是一个特制的牢笼，看起来很像真理，牢不可破，压制了艺术中很多可能的表达，比如说幻想作品，根本出不来。中国电影很少有幻想题材的，像《九层妖塔》这种电影这两年才有。

评价小说、电影也好，或其他种类的作品，不能简单地说这是本破书，那是部烂电影。这不是评价，而是谩骂。真正的评价要有理有据，清晰有力量。

举个例子：电影《功夫》。

我这种年纪的人把《功夫》看了三四遍，这是很不容易的。我看电影很少看第二遍，几乎不可能看第三遍，但是《功夫》《星球大战》《谍影重重》我会反复看。

如何评论《功夫》呢？表面来看，这是部搞笑片。电影里，周星驰有个胖队友，相当于猪队友。刚才提到的有位同学设计了一只胖狐狸所起到的效果，跟《功夫》里的人物设定意图是相同的——角色设定反差大很重要，一胖一瘦，一高一矮，在画面感上就有意思。周星驰的这位猪队友非常憨厚，反应很迟钝。周星驰不断地往外扔飞刀，又不断地弹插到自己的身上。很吓人，看了心一跳。第一遍看时我没明白，为什么刀子插进去没流血？后来重复看，我才看明白了。电影的细节做得非常好——周星驰像耍把戏一样，刀拔出来又插进去，这种动作荒诞不经，却有着电影本身的深意。看第二第三遍才注意到，周星驰怎么也打不死、打不趴的原因，之前有过铺垫——他之前练过“如来神掌”，体内真气跟普通人不一样，只是他自己不知道而已。毒发后，他躲在交通灯箱里，打出了无数如来神掌掌印。

这是细节交代。一部电影在剪辑时，前后被看过好多遍，会照顾到方方面面。

《功夫》以两条线叙事，一正一邪，邪那面不断更新。两个笨蛋小黑社会冯小刚等出场时很牛，旋即就被斧头帮杀死了。没想到一山还比一山高，斧头帮欺负到一个贫民窟时被三位隐姓埋名的高手击败，接着三位高手又被两个假装卖艺的江湖顶尖杀手杀害，引出了正方的包租婆包租公这两位“神雕侠侣”，以顶尖的太极和狮子吼功夫败他们于无形。这样，正邪双方一步步上升，如同登山不停地上到更高峰——层层叠叠，是中国传统武侠小说的经典手法。影片在“神雕侠侣”击败两个顶尖杀手之后，达到了一个高潮。但是没想到影片并没有停留在这层，而是继续拔高，高中再高，直入云霄——第一杀手“火云邪神”所谓天下武功，无所不破，“唯快不破”。他冷酷嗜血，以快杀人，只图畅快，而无任何恩义——请他出山的斧头帮帮主，被他一掌打得脑袋如风车般转圈。“火云邪神”确实厉害，他把“神雕侠侣”打得无法还手，难以招架，并将那个本来到处惹事而毫无本事的小混混周星驰打得陷进泥土里去——故事达到了第二个高潮。然而，影片尚未结束！古代戏曲有云“一唱三叹”，这最后一叹，要在几乎不可能的情况下出现，故事才到了最高潮——周星驰被“火云邪神”打得溃不成形，这才让他“羽化成蝶”，蝉蜕肉身而达到武学的巅峰境界。修成了“如来神掌”的周星驰，对付“唯快不破”的“火云邪神”，处处都是料敌先机，一步领先处处领先，让这快如闪电的邪魔如同狗咬乌龟无法下牙，丧失了所有可能性。

《功夫》这部影片代表了中国人精神的源远流长，周星驰最后被“小龙女”和“杨过”救了之后，包成了一个蚕蛹版的木乃伊形状，而最终化蛹为蝶。这是中国文化中最经典的隐喻，承接了道家思想的最深源泉，是“庄生晓梦迷蝴蝶，望帝春心托杜鹃”那样由重向轻的微妙变化。

道家的支派神仙家的修炼奥秘，核心内容就是由重变轻——先是辟谷、断食，然后导引真气，从步履沉滞到身轻体健，再到像羽毛一样轻盈。

意大利文学大师伊塔洛·卡尔维诺在他的演讲稿《未来千年文学备忘录》里谈到了文学中的“轻盈”（lightness），是超脱了一般意义上的所谓现实主义的约束，进入了幻想的境界，达到了类似《梁祝》那样的蝴蝶双飞的效果。

《功夫》这种电影，非常之少。大陆拍的电影都很重，十分沉重，无法轻盈起来。但《功夫》在最激烈的最高决斗之后，出现了一朵花的表达，在“如来神掌”的激活下，“火云邪神”随身所带的毒刺也像鲜花一样张开了，像蝴蝶一样展开翅膀。

这部电影的微妙之处就在于，将很深刻的人生与社会的体验，放在一个戏谑环境里进行推进。

这部电影，在我看来非常独特。

书评、影评要调动我们对这部作品的熟悉度。不熟怎么办？回头去再翻看一遍，重读一遍。

我读完一部好书后，都会写一篇书评。写书评的好处在于加深对这本书的印象，激发你的思考。有时记不得作品里主人公的名字、有些细节也不清晰了，还得翻书再去找出来看。甚至那一句话到底是什么意思，还要对比上下文琢磨一下。

写书评是最好的深阅读，可以大大加深对作品的理解。

建立在对内容深入了解的基础上，评价一部作品就能抓到它的核心。

对一部作品真正理解，是在你看第二遍之后。

有同学第一遍看《红楼梦》，完全读不进去。年纪大一点，有点阅历了，再读一遍，慢慢地会品出味道。普通的流行小说会让你有快感；经典作品则让你有滋味。这两者是不同的。

阅读好作品，和我们的人生密切相关，伴随着我们的成长，也激发我们化茧为蝶。

深阅读和创造性写作，让我们积蓄更多能量，到一定程度是会质变，让人生升级换代的。

三、收尾作结

每一部作品都要收尾。

古人谈一部作品，要“凤头、猪肚、豹尾”。

开头，要漂亮；展开，要丰富；收尾，要有力。

写虚构作品时，你们收尾都收得很好。

小说可以戛然而止，但评论文章则需要给出确定性意见。

今后你们长大过程中，会去到不同的场合：参加科学竞赛要介绍自己的创意发明，数学家物理学家要做大会的报告，公司高管要进行产品路演……做大会报告、年度总结，就是写一篇重要的评论文章。除了阐发个人观点之外，还要做一个有力的总结。

总结非常重要，是压在骆驼背上的最后一根稻草。

评论文章涉及三部分内容，最后一部分的总结得出观点，是对前两部分内容的抽象和升级。

接下来我们来谈一谈《奇幻森林》。

看完《奇幻森林》出来后，我家小朋友大吐其槽。她很喜欢英国文学大师吉卜林的名作《丛林之书》。电影《奇幻森林》对《丛林之书》改编很大。我们都特别喜欢的巨蟒卡阿，在《奇幻森林》里变成了一条要吃掉莫格里的邪恶大蛇。在吉卜林原著《丛林之书》里，卡阿是丛林智慧的结晶，丛林法则、丛林生存、动物对人类的看法，都是卡阿传授给莫格里的。

有一章专门写巨蟒卡阿跟莫格里游戏。每次莫格里都是几秒钟内就被巨蟒卡阿击倒了。卡阿说，人类的体质天生就不如我们，在这种情况下，人类永远不是巨蟒的对手。

在巨蟒卡阿的训练下，莫格里锻炼得非常敏捷，极其强壮，在丛林中行走如飞，超越了他作为人的所有那些弱点。

《丛林之书》这部杰作诞生以来，有各种各样的影视改编，最早是被迪士尼公司改编为《人猿泰山》。现在的《奇幻森林》的改编，又有了新的角度。电影的改编肯定不可能完全按照小说原著来进行。电影作为一种特别的艺术，有自己的优点和缺点。首先，电影的长度有时间限制，无法把长篇小说所有内容都放进去。其次，电影的叙事模式和小说不一样。小说里描写了一大片丛林风景，在电影里可能一秒就扫过去了。小说里一句话的细节，电影演绎开，可能是好几分钟的奔跑、追逐，如《奇幻森林》里猴子们带着莫格里在树上行走如风地来到了一个巨大的废墟里。

在小说里，猴子被描述成肮脏的动物。它们把莫格里从森林飞速地带到了一个被废弃的城堡里。电影则新创造出一个角色。这个巨猿是众猴之王，它想统治森林，想让莫格里把“花”——也就是人类的火——偷过来，好在森林里散布死亡和毁灭的恐怖。这是《奇幻森林》的独特创造，有它的精彩之处。

我们评价这部电影时，既可以结合原著来思考，又可以注意电影本身的独特叙事技巧。

有人评价《奇幻森林》的三维特技做得特好，说小演员是在摄影棚里面对一个不存在的东西进行表演的。一名演员是怎么对着一个不存在的东西进行表演的？这确实很有挑战性。比方说摸狼的脖颈，或被巨蟒卷住拼命挣扎，这些都要用身体语言来呈现，要有很长时间的专业训练才能表演到位。不然，很难表现得那么生动，好像真的抚摸着一匹巨狼。三维特效的制作和渲染达到如此逼真的程度，令人叹为观止。这种电脑特技，今后对电影的影响将会是非常深远的。

给《奇幻森林》做总结，我会这样写：电影在改编上有突破性表现。

第三节　语言运用的逻辑

评论时，要用理性语言。

今天上课前，我跟大家说的那句“严禁无牌、假牌车辆上路”，我认为表达是不准确的。

在评论的语言运用上，逻辑同样也非常重要。

逻辑包括因果关系、前后关系。

一、因果关系

什么叫因果关系？

因为奇点大爆炸，所以有了宇宙。爆炸是因，宇宙是果。播下了种子，收获了果实。同样，爸爸妈妈是因，孩子是果。

因果关系限定了各种条件，这种限定条件因此构成了逻辑，而不能随便颠倒，或者随意移除。

在非母语状态下运用语言，会造出很多搞笑词句来。例如：因为你是女的，所以我是男的。因为那里有一条狗，所以这里有一只狐狸。这些都是缺乏限定条件的，不具有严格的因果关系。

有些看起来像是因果关系，实际上不是因果关系，如“因为天气降温了，所以我生病了”。这里，“生病”这个果，不必然是“降温”这个因造成的。很多其他原因，都可能导致生病。作为逻辑，这样的判断也是不严谨的。

我看过一部科幻小说，谈宇宙间的因果律。说银河系有一个专门维护因果律的团队，严格调查控制各星球的战争行为，绝对禁止使用“因果律攻击”。即使是一个和平星球遭到了另外一个邪恶星球的攻击，和平星球也照样不能用“因果律攻击”。有些星球为了击败入侵者，会让星际舰队进入超空间来做时间旅行，飞到事件发生之前，把尚未准备集结军队出征的敌人消灭在萌芽中。又比如，做时间旅行到过去，把某个人妈妈干掉，他就不会存在了——美国科幻大片《终结者》就是这个思路。但是，在这部小说里，有更高的宇宙力量好像叫作“老凯瑞”，专门维护因果律。如果有星球发动因果律战争，“老凯瑞”就会把整个行星系全部抹掉。如果太阳系要进攻三体星系，让星舰回到一百年前把三体星系的国王干掉，“老凯瑞”就会把太阳系直接毁灭。看着像不像刘慈欣的《三体》里那个“歌者”？他用一个超光速的武器，直接击中三体星的太阳，引爆了三体星系。他又把一个“二向箔”扔向太阳系，对可怜的太阳系进行降维攻击，把太阳系所有的一切都消融于二维中。

因果律成了这小说叙事的一个强烈动因，各种力量都因此而诞生。为了地球和太阳系的安全，地球特工潜入了某星系，“老凯瑞”派出的代理人间谍也潜入了这个星系，在密切地监控一个邪恶星球对一个和平星球的进攻，并阻止这个和平星球进行“因果律攻击”。

我们从因果律过渡到逻辑，就意味着，在写文章评价一部作品时，也不能随意变换评价标准，不能指鹿为马，也不能生搬硬造。

二、前后关系

前后关系就是你们对这部作品的介绍和评价，要注意行文的顺序。一定要先介绍，然后评价。如果顺序不合理，就要修改调整，这段提前，那段移到后面。

今天来上课之前，我刚看了一百篇短书评。作家协会有一个全国征文，主题是“二十五部经典”的书评。这些书评中，很大一部分都不注意前后关系，很多作者评价完作品后，才回过头来告诉读者，这个作品讲什么内容。这样，就违反了前后关系的原则。向读者交代作品内容之前就进行评价，没有看过这部作品的读者，就不能带上有效的基础信息，跟着你一起去理解这部作品，这篇文章说服力就不强。

前后关系不像因果关系那样有着必然的逻辑，但相关逻辑却很强。只有厘清前后关系，你的写作才会观点鲜明，行文清晰，才会让人记忆深刻。

三、准确表达

评论文章里应该使用准确的、理性的语言，而不是抒情的、夸张的、道德化的语言。

某位同学如果写《三体》的书评，要注意少用“民族主义”这类词语。不是不能谈，而是不容易界定。一个大问题，当我们不容易界定它时，就要尽量少提。如果你想界定它，说不定要以5000字来解释。

当我们在谈到一个概念时，一定要先界定它，给它一个范围。假设说“不怕神一样的对手，就怕猪一样的队友”，那么，我们就要界定什么叫“猪队友”，它有什么特征。

评论一部作品，运用一个概念，有一个界定很重要。就是说，我谈论科幻小说，就不要用玄幻小说的方式来论述，也不要用文言文小说的方式来论述。如果没有界定，你的论述无法和读者产生共鸣。

“民族主义”“爱国主义”“正能量”等，都是很大的词语，内涵太丰富，外延太大，可能要写一本书才能仔细地进行界定，那么，我们宁可不要这么费劲地甄别，宁可搁置不用。

我再次强调，今天大家提到的书和电影，我要拍下来，立此存照。

为什么要这么做？这是一个公平游戏。我不找一本只有自己读过的书让你们写书评，你们的时间也很宝贵。为了节省时间，我也允许你们写影评。你们自己说看过的、喜欢的，你们直接写评论文章就好了。

至于如何评判你们的书评和影评，我作为一名老师，在价值评判上比较宽容，不会预设一个判断来框死你们。我不会说网络小说这么low的东西你也看，不会说穿越连续剧你居然写评论文章。

我要训练的是你们的语言运用能力和逻辑思考能力。这种能力对你们今后的人生，是非常重要的。不管将来你们用英文还是中文写作，因果、逻辑、前后，要求是一致的。

作业：

刚才上课时我请同学们用简短的一句话，说一部自己喜欢的电影或小说，我已经写在白板上：

1.《三体》；2.《蝙蝠侠》；3.《白夜行》；4.《蝙蝠侠大战超人》；5.《金刚狼》；6.《唐人街探案》；7.《蜘蛛侠》；8.《恭喜发财》；9.《七宗罪》；10.《茶人三部曲》；11.《十面埋伏》；12.《深空九号》；13.《功夫》；14.《第七天》；15.《奇幻森林》；16.《分歧者》。

每位同学根据自己刚才说的作品，写一篇书评或影评。你们说了什么，就写什么，不要改了。言而有信嘛，锻炼一下大家：今后在一些场合说话不要随便就讲，要稍微思考一下。

要点：写的时候不要有思想负担。书评影评也不一定要写经典作品，只要是你们喜欢的，有感而发，就能写出来。

字数：1500字。

第九讲　说服别人与表现自己

语言就像纱厂的纺线，一条丝找到头拉出来，拉到哪里就是哪里。我们写作就是找到一个纱头，后面的语言就是纱线，不断地扯出来。写作，就是扯出你身体里、你心中的纱线。

上次课程，我们讲了书评和影评类的评论文章写作。这次课程，我们仍然讲应用文的写作，但这次侧重的是论证，说理，证明，说服。例如要在学校申请成立一家“奇异精神状态侦探社”，你得给老师交一份报告，写一篇申请。申请写得好，老师可能很快就同意了。申请写得差，老师会很快就驳回。又比如你们大学从统计系或者计算机系毕业后，在华尔街某个跨国公司工作，负责产品售后服务，是售后服务总监。为了更好地检测和分析，你打算向公司董事会提交一个报告，建议成立一个大数据分析中心。

这里我假设要写这样一个报告。

为什么要建立大数据分析中心？首先要提到大数据技术已经成为一种潮流，变成了一种必须配备的技术，写到大数据分析的重要性。要列举几个有说服力的例子，形成你的逻辑力，让董事会成员印象深刻，觉得如果不赶紧成立大数据分析中心，公司就会在这一波技术进程中被甩离轨道，甚至被甩出历史。

我再具体化一下：

你可以举 IBM 公司的“轻盈化”大转型为例，他们为应对未来的挑战，把笔记本业务等打包卖给了联想公司，自己轻装上阵，专注于软件的开发、运用和服务公司，从托马斯·沃森先生 1911 年成立公司后，专注于打字机、文字处理机和计算机的“国际商业机器公司”，成功地升级成“全球最大的信息技术和业务解决方案公司”，在美国连续二十四年专利申请量高居第一名，年营业额八百多亿美金，雇员四十一万多名，最近十年一直位居全球最有价值品牌前十名，被《麻省理工科技评论》列入全球五十大最聪明公司榜单。一家曾经是那么“硬”的制造业公司——生产出世界上第一台个人电脑，一直拥有高性能服务器、CPU 等尖端产品，其“深蓝”系列超级计算机曾引领时代，

1997 年在国际象棋比赛中击败世界冠军卡斯帕罗夫，2008 年 IBM 提出了“智慧地球”和“智慧城市”的口号引领世界转型，而 IBM 更新型“沃森”超级计算机更在 2011 年美国老牌电视节目《危险边缘》中击败两个人类冠军——却竟然那么快地变得那么“软”，而几乎完全变成了一家软件公司，其软件产品作为互联网运营中最核心底层技术，支持着世界上几乎所有互联网公司的运营。其“万物互联”和“智慧地球”的“轻”战略，实现了大数据的深刻变革，现在，谁跟上了大数据和人工智能，谁就跟上了二十一世纪！

董事会成员看了报告，觉得太有说服力了！哎呀是的，IBM 太厉害了！我们公司也必须跟上时代潮流！好吧，给你再升一级，担任公司副总裁兼大数据分析中心总监，工资嘛，又大大地涨了一笔。

By the way! 过去我非常迷恋 IBM 的 ThinkPad 笔记本，大大小小的型号买过好几部，现在想起来，还带着甜蜜的忧伤呢。

上面说得有点远了，其实，我们在读书期间，要说服家长给自己买一台电脑，说服家长接受自己的某些“癖好”，也需要有更好的语言运用和语言说服能力。下周外出旅游，要不要向爸爸妈妈申请多要一百块钱呢？准备得充分一点，以防不虞之需啊。

万一你喜欢的男生，或者你喜欢的女生想吃一个冰淇淋？一掏兜里，只剩下五块钱了，悲催啊。

写作，涉及生活的方方面面。小到写一个便条，或与人商讨学习合作，大到写一份论文报告，或向国外大学提交入学申请，都离不开写作的“底层技术”支持。

第一节　写作中的核心关系

两周前我布置了一篇作文，题目是改编李白的名诗《侠客行》，写一篇武侠小说。

我收到了十五篇作业。总体来讲，水平比动物小说差。

问题出在哪里呢？大概第三周时，我讲了核心人物的核心关系和次要关系的问题。我们现在现学现分析。

现在第一个问题是：《侠客行》里的“赵客”是谁？《侠客行》里有朱亥，有侯嬴，有信陵君，还有一个人是赵客。大家看李白的诗：

赵客缦胡缨，吴钩霜雪明。
银鞍照白马，飒沓如流星。
十步杀一人，千里不留行。
事了拂衣去，深藏身与名。

这首诗的一开始就是写赵客。但赵客到底是谁呢？历史上有他的名字吗？你们有没有想过？

后面的诗里，还有信陵君、朱亥、侯嬴等，都是核心人物。信陵君是主公，朱亥、侯嬴是门客。

讲《昆仑奴》时，我提到了核心人物的核心关系。

李白诗里提到三位人物，在《史记·游侠列传》里有朱亥、侯嬴，在《史记·魏公子列传》里有信陵君，但赵客是找不到的。也许，李白在四个核心人物中，虚构了一个“赵客”与另外三个实际存在的人物并列在一起。

他们之间是什么关系呢？哪些是“强关系”？哪些是“弱关系”？《侠客行》里，信陵君、朱亥、侯嬴三人之间是“强关系”，而赵客和他们之间都是“弱关系”——他是虚构出来的人物。我们拓展一下，放开地想，赵客甚至可以是一个女性。

“强关系”和“弱关系”，在写作时可以彼此转换，把“弱关系”转化为“强关系”，把“强关系”降为“弱关系”。

有一位同学写一个特殊武林门派里有一名少年天才，他肩负使命来到了大梁城。为什么来到大梁城呢？他把家业都转赠给了别人，自己来到大梁城，打算来实现济世梦想——修身、齐家、治国、平天下，这是一个最容易想到的个人奋斗步骤。他住到一个客栈里，发现有一位高人也在里面，还跟他过了一下招。这个很特别的构思，就把“弱关系”转换成了“强关系”。这个情节在《侠客行》里是不存在的，是创造出来的一个新空间、新关系，涉及一个武林大派的巨大理想，他们想改变大梁城的武林环境，从而一统江湖。再写下去，可以把这种理想拓展到整个魏国，以至于拓展到全天下。以赵、魏联合抵抗秦军，而挽回当时风雨飘摇的局面为背景，整个故事就有了重大的底层驱动力。

前面我介绍过香港武侠小说名家黄易先生的《寻秦记》，与此异曲同工。

更多的同学则是照着“强关系”写“强关系”。

有两位同学写信陵君是武林高手，名下三千门客，包括朱亥、侯嬴。这两个人很特别，好大吃大喝，却没听说过他们有什么本事。但信陵君没有驱逐他们，一直礼贤下士，对他们客气有加。

他们之间的关系是“强关系”，而赵客和他们之间是“弱关系”。

因此，在历史材料的解读上，我们首先要分开“强关系”和“弱关系”。“强关系”与“弱关系”是我发明的，你们从哪里都找不到这个说法，不过我认为这样讲写作，尤其是讲如何处理人物关系，能说得更清楚。一旦你找出“强关系”和“弱关系”，就可以循着“强关系”和“弱关系”这两个点，去拓展写作空间。

要参加中考或者高考的同学，写材料作文，以这个分析方法去消化材料，一样是很有效果的。

强弱关系转换后，把赵客作为第一主角来写是比较方便的方法。他不是核心人物，在历史上的存在感是非常弱的，关于他的记录几乎是空白。所以，写赵客是非常好的角度，拓展空间很大。有同学写了“赵客”，还给他取了一个名字叫李五，但是整部作品没有写开，总字数不到一千字，仅仅是想出了取一个名字叫作李五。

这首诗有很多种说法。有人说赵客就是李白的一种自许。李白是一位对诗歌和剑术都特别痴迷的大诗人，他总是梦想自己能横刀立马，带领千军万马飞驰于边疆，来个关山度若飞。写诗，是李白的业余爱好。这个“赵客”的想法，是李白用历史中悲歌壮烈的英雄人物来比喻自己的理想。

还有同学专门写侯嬴。侯嬴是一个看门人，地位非常低下。信陵君进城时被侯嬴挡住，卫士们大为光火，想干掉侯嬴，但信陵君阻止了他们，不仅没有因此报复打击，反而非常尊敬他。这篇作品写得挺好，唯一一个问题就是没有写清楚信陵君为什么这么尊敬他信任他。写作时一定要解决这个问题，给出基本的合理性。有侯嬴，也有李嬴、马嬴、张嬴，为什么信陵君偏偏尊重侯嬴？一定是信陵君看到了侯嬴威武不能屈，贫贱不能移的高风亮节，或者信陵君听到了风声，知道侯嬴其实是大隐隐于市的高人，又或者说信陵君胸怀大略，目光长远，对任何人都谦恭有礼。你一定要找到合理性，让我们相信，信陵君尊敬侯嬴是合理的。

黄易写《寻秦记》，把信陵君写成了一个大奸大恶而深藏不露的高人，与我们在《史记》里看到的智谋高超、为了魏国的核心利益敢于决断的信陵君不一样。《寻秦记》里，巨鹿侯赵穆也门客三千，自己本身就是武林高手，有着极高极深极诡秘的政治意图，也想一统天下。用什么办法呢？他劫持了秦国的人质王子“政”，这个人质其实在赵国死掉了。知道内情的项少龙隐瞒了事实，另外找了一个小混混，赵王妹妹赵妮的儿子赵盘，来冒充秦国王子“政”。他把这个假冒伪劣产品送回秦国并重点培养，机缘巧合之下，赵盘真的当上了皇帝，就是秦始皇“嬴政”。黄易的小说就是颠覆性的。写秦始皇是个冒牌货，已经是彻底颠覆了历史。更何况，他还把从现代香港穿越回去的项少龙，写成了参与所有这些事情、目睹了所有阴谋的一个重要历史见证者。在无法阻止本来的小混混、后来的强大暴君“嬴政”发动血腥战争一统天下的情况下，项少龙只得隐姓埋名退隐，娶妻生子然后看着自己的儿子、未来的西楚霸王慢慢长大。

这样，黄易先生就把“弱关系”当成了“强关系”来写，创造出了一个特殊的穿越小说世界。这也是写历史小说时，一个非常重要的思考方法。如果我们写历史小说，不必拘泥于太多的历史事实，而是要寻找历史中的核心线索，梳理出其中重要的人物关系，然后创造出自己的一个新世界。

班上的同学更多还是在朱亥、侯嬴、信陵君三个人身上做文章。

这样做文章是可以的，但要寻找到一个特别的角度。

有一位喜欢用第一人称写作的同学，这次是从胡姬——魏王的一位宠姬——的角度来看待新关系。通过第一人称叙述，作者激发了这个女子在历史事件中的重要性。这也是“弱关系”转化为“强关系”

的好方法。

历史虚构写作的要点，跟上次布置《昆仑奴》是一样的：

一是要对原材料深读；

二是要分清“强关系”“弱关系”；

三是对“强关系”“弱关系”进行颠覆，重新构建人物关系。

班上有古风圈，也有日漫圈，上次写作都完成得特别好。

我要求写作时在语言与故事上，要构建合理性，比如不能把古风圈和日漫圈混在一起，因为语言是不同的。同学们既保留了自己的特点，又进行了语言调整。语言调整是非常重要的，不管是古风圈、日漫圈、欧美圈，还是其他哪个圈，运用母语要做到一个基本的准确表达，确保有效地传递了你的信息。语言传递信息量的大与小，带出来的效果是完全不同的。

美国十九世纪的大作家纳撒尼尔·霍桑有一部著名长篇小说叫《红字》，我前不久又重读了，真是非常厉害的一个经典结构：女主人公海丝特·白兰与年轻牧师相恋并生了一个女儿，因此她的衣服被绣上了标志“通奸”的、象征着耻辱的红色 A 字。

《红字》这个故事的核心结构非常简约，而且十分有力量，就是：海丝特·白兰要不要把情人的名字说出来。她身后还有一个心狠手辣的年老丈夫奇灵渥斯，他决心追杀年轻的牧师，一定要把他和海丝特·白兰的奸情揭露。另一方面，在殖民区当地最有名、最有天赋、最受人爱戴、最有前途的年轻牧师，他要不要忏悔他的罪过，要不要公开他与海丝特·白兰之间的关系。这两个核心矛盾纠结在一起，让整部小说从一开始到结束，无须涉及古怪情节，仍然扣人心弦。

这两个核心冲突，在小说第一页就出现了。

整部小说不长，却充满着强烈的推动力，围绕着要不要忏悔、要不要坦白的痛苦来展开。一旦坦白或者忏悔，就面临着世俗的巨大压力，但是不坦白，又面临着自己内心的巨大痛苦。最后，年轻的牧师选择了勇敢地面对自己内心的痛苦，说出了真相。

英国大导演希区柯克有个著名的论述，说悬念就是你在理发师的座位下装个定时炸弹，滴答滴答即将爆炸，所有观众都知道，但剧中人不知道。悬念，就是引而不爆。

如果电影一开始，理发店就被炸了，或被歹徒给抢了，那就不是悬疑片，而是灾难片。

带着强烈情感去推动故事的发展，是非常重要的一个技巧。

上周讲动物小说，有些同学在这方面就做得特别棒，总体来讲都写得不错。因为带着强烈情绪去推动，使整个故事人物带着云带着雨去推动，因而充满了丰沛的水分。

这次写作中，同学们对原有的素材《侠客行》的解读不够。

有几个同学做得相当不错。我已经把意见都发给你们了，就不再多讲了。

第二节　语言问题

我前次讲过“能指”和“所指”，当时讲了汉语的字符和它的意义。事实上，现代语言学的鼻祖索绪尔在阐发这个理论时，还尤其强调了声音。声音，是会变的。我们说“牛”，中文和英文差别很大，这个大家都能理解。而中文呢？上海话、浙江话、闽南话、湖南话、四川话、广东话、客家话，我们都知道指的是“牛”那个动物，但发音都是不一样的，音调也各不相同。

我是广东人，会说广东话；又是客家人，母语是客家话。

我发现，小时候用粤语读唐诗，都是合辙押韵的，到大学用普通话读唐诗，却很多地方不能押韵了，节奏感也不对头。古音里，“平上去入”各种音调是比较全的。广东话有九个音调，意味着几乎所有的声调都能轻松地说出来。你们看，说普通话的人很难讲好粤语，因为音调相差太远，很多音北方人根本发不出来。我后来才知道，外国人学中文学得最好的是粤语，他们说粤语比说普通话好多了。我在香港听到英国人说粤语，真是说得特别好。我认识一位法国汉学家潘鸣啸教授，他二十世纪七八十年代曾住在香港，说得一口非常地道的香港话，比我厉害多了。相比之下，我讲的广东白话是一种土语，发音和表达都有点粗鄙化。

用广东话吟《木兰诗》，会发现非常地有音乐感：

唧唧复唧唧，木兰当户织。
不闻机杼声，唯闻女叹息。
问女何所思，问女何所忆。

女亦无所思，女亦无所忆。

这个音调听起来特别好。

现在有些语文老师对吟诵很起劲，似乎吟诵才是什么正宗。

中国历史动荡变迁太厉害，语言的变化也非常大。唐代的语音、宋代的语音，与现在真是截然不同。据一些中古语言专家研究，宋代的语言硬读起来，很像现在的粤语。你们在网上能找到那个专家的释读，确实跟粤语太像了。只不过这位专家不懂粤语，他的释读是“死亡的语言”，非常生硬，也毫无节奏韵律可言。

好吧，如果吟诵的话，用什么音调来吟诵才对呢?

有专家说，先秦时期的语言，例如《离骚》，到汉代就已经很难准确释读了。今天我们用普通话读《离骚》，其实是蛮别扭的，真是“佶屈聱牙”啊。

普通话的音调都特别短促。比如“米”，短促音；粤语“米”读成“mei”，是长音。你听我读粤语，抑扬顿挫的感觉很明显，音调起伏很优美，非常好听。我在高中之前，全部说粤语，不说普通话。我上大学时也不大会说普通话，现在说得也不标准，带着广东口音。

音调、字符、意义，相互之间有转换的可能性。我上次以自己的名字举过例子。“叶开”这个名字背后，有很多个“真实的人”存在，另外还有一个考古专家也叫“叶开”。这个字符“能指”后面，藏着好多个真人“所指”。

研究语言和音调，会发现里面藏了大学问。

语言决定我们表述，决定我们交流，决定我们看待世界的角度。

我发现很多语文老师特别重视思想，喜欢谈论哲学，谈论逻辑，谈论历史，单单不爱谈文学，也不重视语言，这是很奇怪的事情。这就像一个英文老师不谈英语和英语文学，只谈哲学一样。这种过分重视“思想”的习惯，是一种最糟糕的事情。思想可以独立于语言存在吗？也许，也许不。没有语言的思想，可能太过高深了，人类无法触及，因此也无法谈论和思考。

英国有位哲学大师维特根斯坦，他有句名言："对于不可言说之物，必须保持沉默。"

这句话是维特根斯坦一个叫麦考利的学生回忆说的。有一次在英国剑桥大学上课时，维特根斯坦突然离开椅子，躺到地上。学生们跟着也躺在地上。后半节课，他们一直躺在地上，什么也不说。然后，维特根斯坦说下课了。

为什么呢？他们谈到了很高深的问题，一时想不清楚，说不清楚。语言不能达到的地方、语言不能辨别的问题，维特根斯坦认为不能去谈论，“必须保持沉默”。

我们讲写作课，没剑桥大学那么高深。

写作课的基础是语言，要研究语言，感受语言，运用语言。我们通常所谈到的思想，不能脱离语言而存在。也许有某种我们所不知道的、无法想象的思想（物）存在于语言之外，但我们不知道，谈不到，就不谈了。这个问题，留给在座的各位未来语言哲学大师继续研究。

语文教材还有个大问题，总以为思想好，文章就好了。

世上根本不存在这种思想。

你连语言关都没过，连基本表达都无法有效完成，还思想呢。

缺乏语言的敏锐，不能有效运用语言，你的脑袋不过是别人思想的跑马场。

语言就像纱厂的纺线，一条丝找到头拉出来，拉到哪里就是哪里。我们写作就是找到一个纱头，后面的语言就是纱线，不断地扯出来。

写作，就是扯出你身体里、你心中的纱线。

不存在脱离丝线之外的衣服，除非是皇帝的新装。

到这课为止，我强调了四次语言的问题，也做了有关语言的一些训练。这些训练只为了让你们思考语言与语言之间的关系，它是非常复杂的。我做了一个小说中人物关系的分类，称为“强关系”与“弱关系”，词语之间，也有“强关系”和“弱关系”。“强关系”词语是那些你不用思考、下意识就说出来的词语，如“绿油油的叶子”“金灿灿的水稻”“红彤彤的晚霞”“伟大大的母国”……哈哈，你们知道，“伟大大的母国”是我生造的，紧接着前面三段，你立即会发现这样说很怪异，因为，“伟大大”和“母国”都是陌生词，组合在一起也是陌生词组，如果不是我脱口而出，也许你们从来没有听过这个词组。那么，这个词组就是“弱关系”，并不是必然连在一起。

一般来说，“强关系”词语都是“陈词滥调”，是通常的报道、议论文常用的词语。

而“弱关系”词语，则是诗的语言。

例如：一个沉默寡言的人，是“强关系”。这是常见的表达，大家都熟悉。

一块沉默寡言的石头，是“弱关系”。这是不常见的表达，相对陌生。

诗的语言，以及新鲜、有活力的语言，是寻找不常见的表达，让陌生的词语形成“弱关系”，组合到一起。

被称为“脑瘫诗人”的余秀华，因为她的语言组成的敏锐，生活感受表达的鲜活，内心欲望与现实世界的撕裂，而写出很多非常精彩的诗句。

她的新诗集《摇摇晃晃的人间》的题名就是一个很棒的“弱关系”

词语组合。

我们说到人间，都会说，“苦难的人间”或“美好的人间”，而“摇摇晃晃的人间”就是一个特殊用法，是与余秀华融洽的语言。

余秀华在《一匹溺水的狼》里写道：

一匹狼在我的体内溺水，而水
也在我的体内溺水

这是非习惯用语。

又如《我身体里也有一列火车》：

我身体里的火车，油漆已经斑驳
它不慌不忙，允许醉鬼，乞丐，卖艺的，或什么领袖
上上下下
我身体里的火车从来不会错轨
所以允许大雪，风暴，泥石流，和荒谬

没有什么生僻字词，甚至还用了“不慌不忙”这样的熟悉词，然而，却都是与众不同的独特感受。

你们看，我提到过，抽象概念要具象化，“身体里的一列火车”中，“火车”就是人生态度的具象化。在这里，诗人表达了自己的人生态度是宽容的，厚载的，混合的。

“强关系”和“弱关系”这对词，可以运用到“人物关系”中，运用到“词语关系”中，也可以运用到日常生活中。就像你们坐在这里，一开始是“弱关系”，以后慢慢就变成“强关系”了。说不定你们中间，

还有人谈起了恋爱，那就是“超强关系”了。

你们来自不同省市、不同学校，因为某种缘分，考到同一所学校，而且更机缘巧合的是进入了同一个班级。一开始你们是“弱关系”，在同一个班级里（小伙伴或者什么队友）时间久了就变成强关系。你们是被一个词语罩住了，这个词语就是“学校”——所有新关系，都是旧关系的土壤上盛开的一朵玫瑰。

如果我们把“旧关系的土壤”大胆地改为“旧关系的尸体”，会产生什么惊悚的效果？

英国大诗人艾略特的名作《荒原》第一章“死者的葬礼”末节这样写道：

> 去年你种在花园里的尸体，
> 它发芽了吗？今年会开花吗？
> 还是忽来严霜捣坏了它的花床？

你们看，“尸体”与“发芽”是一个超级组合，我在念大学时头一次读到这样的词语组合，非常震惊，如同第一次读到《荒原》的开头那么震惊：

> 四月是最残忍的季节，荒地上
> 长着丁香，把回忆和欲望
> 掺合在一起，又让春雨
> 催促那些迟钝的根芽。

我大学时期，有一段时间嘴巴里天天念叨着“四月是最残忍的季节”，并且延伸到所有的月份，什么“六月是最残忍的季节”之类的。

词语的组合有无数种方式，这些还有待同学们和老师们去探索。

有同学可能被说中了内心的秘密，到现在还在笑。

一些词语会击中你，让你无法抵挡。

第三节　家庭关系

家长和孩子之间的差别，体现在对待一些具体事物的态度上。有些事家长会允许你们做，有些不允许你们做；有些鼓励你们做，有些不鼓励你们做。

作为家长是很痛苦的，有些事情上要尊重你们，有些事情要打击你们。

作为孩子也是痛苦的，有些事情要尊重家长，有些事情要求自由。

这是基本的家庭关系，也是所有社会关系中的基本构成。

处理家庭关系，是哲学、文学、艺术、社会学、心理学的重要课题。

陌生人关系、熟人关系，家长关系、子女关系，师生关系、同学关系，我们所面临的就是种种的关系。

我母校的前辈钱谷融教授曾论述“文学是人学”，认为文学就是表现人的，主要写人与自身、人与人的关系。老子、庄子、孔子，中国哲学也主要是研究人与人的关系、人与自然的关系。

文学，扩展到整个人文科学，主要是研究人和人之间、人和社会之间的关系。

哪怕不是学者，普通人之间也会做这种研究：你的父母在研究你，你也在研究你的父母；你的老师在研究你，你也在研究你的老师。

我曾碰到一个妈妈，在孩子放学自己回家时，她保持五百米距离尾随。

你们也许会说，这个妈妈是为了防止孩子迷路，免得不知道一拐就拐到哪里去了。

也有人会说，从小到大，在熟悉的社区走来走去，会陌生到哪里去？会拐到哪里去？

其实不然，大多数人都是“熟视无睹”的，经常忽略身边的细节。

你们能把自己家附近的五条路名很流畅地讲出来吗？同学们举手，来试一试。

对路的认识，对环境的认识，和你有什么关系呢？自然是有关系的。兔子不吃窝边草，说的是兔子都对自己的环境有一种独特的认识。你的活动范围存在着限定性。你知道的路，和你不知道的路，跟你的知识联系是不一样的。你去一个陌生的城市，比如去美国加州伯克利，和在自己熟悉的城市里行走，区别非常大，你会突然发现，自己连基本的东南西北都搞不清楚了。我到一个陌生的城市之前最爱做的事情就是看地图，在国外是看谷歌地图。看地图才知道，城市有多大，各个方位大致在哪里。一座你去过的城市，和没去过的是不一样的，因为你对路、对环境的识别是进入了你的认知系统的。你一定会用你的个人语言去描述它，这和没去过的人是不一样的。

以上是关于路，关于父母。我们现在着重研究家庭关系，细分地说，母子关系，父女关系。

我要调查一下各位，你们想一想，父母最会禁止你做的事情是什么？

我在白板上写下同学们列举出的父母禁止的行为：

1. 二十一岁之前喝酒。
2. 撒谎。
3. 打字声音太响。
4. 自杀。
5. 把自己的房间锁起来。

6. 空调低于 16℃。

7. 出门不打招呼。

8. 不早睡早起。

9. 一个月吃三次方便面。

10. 不穿袜子睡觉。

11. 一直待在家里。

12. 跟人吵架。

13. 打游戏。

14. 没光的时候看手机。

15. 吃鸡皮。

16. 手机放枕头边。

17. 往沐浴露里灌水。

18. 在家不穿拖鞋。

看到有同学笑了，你们还交头接耳了。

这十八种“不许”中，是不是有些很“奇葩”？连一个月吃三次方便面都不可以！

在这么多被禁止的事项中，哪一个最有意思？我觉得是：“禁止往沐浴露里灌水”。

这位同学也太那个什么了，你没事往沐浴露里灌水干什么啊？

“不穿袜子睡觉”也是被禁止的事项之一，我还真的有些困惑。我本能地以为，是禁止“穿袜子睡觉”呢。还有一位同学本来说“禁止裸睡”的，但他胆小怕事，要求我擦掉了。你们听说过“裸睡”有利于身体健康吗？在欧洲和北美，这是一种时髦。“打字声音太响”也是奇葩禁止事项。可以想象一个人把键盘打得“哒哒哒”响的时候，一定是很快乐的。打字到如此飞速，一定是灵感如泉涌，心情很快活的。我办公室有个女生跟人QQ聊天，打字飞快，我给吵得集中不了注意力。写作与QQ聊天不一样，写作打击键盘是很连贯的，带有催眠效果。我想象过，有人用一台高性能的机械键盘写作，在他旁边打瞌睡，一定非常酣畅。

还有“禁止吃鸡皮”，匪夷所思啊。

我就爱吃鸡皮，十分爱吃。

尤其是煮得很好、脆甘甜润的鸡皮，简直就是美味珍馐嘛。我建议你跟父母谈一谈，告诉他们人类应该吃鸡皮。

有同学想出了一个办法，在微信公众号上写一篇关于鸡皮如何有利健康的文章，雇几千人转发，狂轰乱炒，然后再转给父母，说你看你看，专家都说人类应该吃鸡皮，全世界的人都爱吃鸡皮。大家都很有商业头脑，这位同学以后可以考虑读商科。提醒你们，要事先囤积三千斤鸡皮再发这篇爆款文章，不然钱都给卖鸡皮的赚走了。

如何说服父母，往沐浴露里灌水是件好事情呢？

吴宇琛同学说，沐浴露都含有一定的腐蚀成分，往沐浴露里灌水有利于弱化其中的有毒成分，这样对皮肤有保护作用。大家看，说得多好，把稻草说成金条，有当大奸商的潜力。

我在淘宝上购物，常为一些文案写得特别好的商家所吸引。

在网络购物中，写作能力就成了重要的广告和销售手段。我们假设一瓶沐浴露售价 35 元，某奸商定价 350 元。要把这涨价十倍的沐浴露卖出去，他得脑洞大开，从欧洲一直写到美国，又从美国写到古罗马，再从古罗马写到英国巨石阵，从巨石阵写到航天航空技术，告诉我们说，这种品牌的沐浴露含有太空珍稀元素，沐浴时可以激活细胞，让你的身体能量从内到外倍增，最神奇的还是，能让你集中注意力，吃嘛嘛香，身体倍儿棒，考试成绩门门满分。这个你会不会买？

金典同学说：谈毒性不谈剂量，都是耍流氓。

好吧，这个警句之前我在知乎、果壳网都看过。

吴宇琛同学说往沐浴露里灌水会降低毒性，从而对身体有益，被金典同学一个警句就摧毁了。我真有被人忽悠成功的先例，而且两年没用沐浴露了，改用了肥皂。有个坏人写了一篇文章，说沐浴露添加剂太多，有害于身体。你们看过类似的文章吗？虽然"谈毒性不谈剂量，都是耍流氓"，但我每天洗两次澡，剂量又比较多，就比较容易上当受骗了。

语言有一种特殊的说服力。

高明者如希特勒，在群众集会上，能够以一件小事切入，把德国人民说沸腾了。

语言具有相当大的召集性、说服力，还有相当大的破坏性。这个破坏性可以再用希特勒来举例。回到沐浴露的例子，沐浴露对身体有害这篇文章把我说服了，回家我就把所有沐浴露都扔了，然后改成使用肥皂。可能这个观点并不科学，只是个谬论，真是有害的话，要达到一定的剂量，也许一次澡用一瓶沐浴露，可能对皮肤产生伤害。不过，作者避而不谈，他已经成功地把我引导进他的店铺，买了两块超贵的手工香皂了。

语言说服力真的很重要。

假设以后各位要给哈佛、耶鲁、哥伦比亚、牛津、剑桥等学校写申请书，把自己推送给这些名校，那就要先找到最可能打动招生官的那些事，以准确、自然、生动、呈现能力强的语言传递出来。要有逻辑、有说服力地去写这一封申请文书，那么写作能力就至关重要了。

绕了一大圈，我其实是想说，本次课后作业，是以“禁止做的事”为内容，给家长写一封信，说服他们允许你做这件事情。你要把理由阐述清楚，要有论据，把“歪理”写成“真理”。

第四节　书信格式

接下来，我要讲如何写信。

写信本来是一项必备技能，但是我们现在都忘记了。

书信要有一定的格式，要具备以下四要素：

称呼、内容、作结、署名。

一个星期前，我收到台湾师范大学罗青教授的一封信，写得很古雅。那天晚上，我写回信到凌晨三点钟还没写好。

书信的格式、称谓习惯，都是非常重要的问题，但我缺乏训练，同时在周边环境中，也缺乏实践。如果以同样的行文风格去回信，那我就把自己绕死了。

十分苦闷，总觉得不对头。

最后，我决定以大陆惯用的格式回复罗青教授，开头写："尊敬的罗青老师，您的信收到了。"

原本我也想写成"惠函近悉，不禁欣欣之至"什么的，但写着写着，鸡皮疙瘩就起来了。因为语境本身有一个对应问题，不对应就会产生障碍感。基本的对应，就是要用自己比较熟悉、比较合情理、比较尊重的语言，来表达自己的观点、态度、情感。

英文好像没有那么复杂，写起来都是 Dear 老爸老妈，Dear Professor, Dear 叶开老师之类的。反正我收到外国朋友书信的格式都如此，署名就是：Sincerely 某某。

现在是"智慧地球"时代，是地球村时代。我们越来越多地面临与全世界交流的机会，在各种交流方式里取一个中庸做法，也许很不错。

开头就用“亲爱的老爸老妈”。

可以这么写：

亲爱的老妈，你好！

竟然从来没给你写过信。今天收到这封信，你一定很惊讶吧。有一件大事发生了。但你不要紧张，不要害怕。其实没什么大事，是杰西卡死了。

杰西卡，就是我们家养的那只蟋蟀。

这只是一个打比方。

为什么要让你写一封有点搞笑的信呢？一是要让你们放开，不要像真给爸爸妈妈写信那么拘束。

你也可以这么写：

亲爱的老爸，你好！

我这么严肃地给你写信，你不要紧张。其实也没什么大事，就是动物园有几只老虎逃出来了，我们学校所有的学生都吓得上树的上树，钻下水道的钻下水道，上房顶的上房顶，总之没有一个在外面溜达的。我们身体都不错，你放心。

在书信的写作中，开头的自然导入是非常重要的。不能一上来就说：“亲爱的妈妈，吃鸡皮非常好。”那这封信就达不到你的目的。

《诗经》的表现手法有“赋、比、兴”。

“兴”是先说一件跟主题没啥关系、无关紧要的事。比如说，上海很不错，我们学校花园好大。碧云社区的房子也不太贵，也就几千万一幢，咱们家可以考虑买两幢搁着。诸如此类的。

先讲一些好像毫无关系的事情。

“兴”很重要，让人先放松警惕。写信也一样，不能硬邦邦直入主题，写信不是下战书，一上来就牛皮哄哄地说，妈妈，我二十一岁一定要喝酒！

书信的内容包括四个方面：

引语：先讲点其他事情。对于熟悉的人，如父母、老师等，说点有趣的事，高兴的事，然后再切入正题。这是“兴”的活学活用。

正文：正式表达意见、理由。我希望你们写的信里包含这些内容。二十一岁喝酒这件事情，你要把酒分成各种类型，红酒、白酒、米酒、黄酒，有些酒含有人体必需的各种微量元素，偶尔喝一点有益于身体，同学聚会吃烧烤喝口啤酒可以解腻，等等。正式表达意见部分，理由要写充足，逻辑要合理，论据要真实有效，要让收信人感到信服。

作结：你到底想干什么，要明确地讲出来，让这封信起效。如果一封信写了很长，却模棱两可，含糊其辞，那就白写了。

署名：包括日期、时间、联系方式。我是一名资深文学编辑，经常碰到一件很苦恼的事情：邮箱里常会收到很多投稿，简明扼要到不要不要的，如：“一篇小说请看看。”没头没尾的。我打开一看就很奇怪，这邮件是火星人发来的吗？也不要求你写尊敬的、可爱的、伟大的叶开老师，用不着，但起码要有个称呼吧。可以写：尊敬的叶开老师，我是谁谁谁，刚刚写了一篇小说，大概是什么内容，向您投稿，请您多指点。大概这样，客气点，谦虚点，别太霸气侧漏。

同学们今后也会碰到很多事情需要正式地写信，并不是任何事情都可以发一条微信解决。有些重要的事情需要写正式信函，甚至是公文信函。例如，工作中你们可能要向主管写信申请一项工作任务，需要说明你申请的原因。如果申请学校，不管是芝加哥大学还是伯克利，在申明自己的理由时，既要生动，又要准确，而且要有说服力。另外，署名、格式、联系方式也要写清楚。确保你的函件是正式的、有说服力的，能够引起他人的关注。

作业：

本次课后作业，是以“禁止做的事”为内容，给家长写一封信，说服他们允许你做这件事情。你要把理由阐述清楚，要有论据，把“歪理”写成“真理”。

请你们认领自己刚才说的“被禁止”的事情：

1. 二十一岁之前喝酒。

2. 撒谎。

3. 打字声音太响。

4. 自杀。

5. 把自己的房间锁起来。

6. 空调低于16℃。

7. 出门不打招呼。

8. 不早睡早起。

9. 一个月吃三次方便面。

10. 不穿袜子睡觉。

11. 一直待在家里。

12. 跟人吵架。

13. 打游戏。

14. 没光的时候看手机。

15. 吃鸡皮。

16. 手机放枕头边。

17. 往沐浴露里灌水。

18. 在家不穿拖鞋。

要点：写信的格式我已经讲过了，这点请务必留心。为你的观点列出三个以上的证据，要有不同侧重，有反差，有说服力。

字数：1500 字。

第十讲　写作虹吸知识

首先，找到一本自己特别喜欢的书。我把这称为“人生中命中注定的那本书”。深阅读的核心是：一本书、一位作家、一个时代。

这是本次写作课程的最后一课，我们仍要先讲评上次布置的作业。同学们都给自己的爸爸妈妈写了信，有些信写得非常精彩，我读着读着进入了情境，竟然被你们说服了。

接着，我们要讲到如何进行深阅读，如何在深阅读的基础上搜集资料，分析资料，形成自己的写作。要通过写作，反过来进行阅读的深化，同时旁吸相关的知识，充实自己，构成写作的输出基础。

第一节　书与信

古人的书和信，是分开的。书是写在纸上的信，繁体字的“書”上面是一支笔，下面是竹简，这是一个会意字。你们以后会学到林觉民的《与妻书》，是写给太太的绝命书。我们不能说《与妻信》，这样听起来就很怪。

信是什么呢？信，是给人带一个口信。在古代识字者很少，笔墨金贵，很多人就是带一句话给远方的亲人。写“书”是很贵的，要认字才能写“书”，如果有特别重要的事，会请村中秀才代写。所以，通常都是请人带一句口信。“言而有信”的“信”，指的就是这个“口信”。为什么后来又转化成“信用”的“信”了呢？因为在非现代通信条件下的口信或者书信，如果送信者不守信用，不能如实带到收信人处，就会产生巨大的误解，甚至会造成巨大的悲剧。

看过明清戏曲，会发现戏中的主要矛盾爆发，很多是由于“信”出了问题。

守信和不守信，是中国古代一个非常重要的问题，也是现代一个非常重要的问题。

“信用”这个词，过去运用得很少。诚信，只有在运用中才有效果，如果是不在运用中的诚信，就可能是虚假的，是塑造出来的，会被推崇到圣人高度，认为是高于一切的道德。但在现代社会中，这种高于一切的道德是不可靠的，甚至是可疑的，不值得推崇。

信用的规则，在运用中的“信”是非常重要的。

十年前开始，我就是淘宝的买家，我认为他们创设的“支付宝”这个担保机构，在网络购物的具体运用中，让交易双方都能消除疑虑和担心，而让交易更顺利地进行。在“支付宝”的设定中，信用是非常有效的。评价、评论基本上能反映出信用度，包括网店，虽然总有人刷信用分，但总体来讲在实际运用中，发生效应的信用是非常重要的。而且，因为大数据的不断推进，现在商家和消费者的数据都有迹可循，可以积累并且分析双方的交易诚信度，所以支付宝推出的“芝麻信用”这个评估环节，就具有了切实的效用。比如，可以用“芝麻信用”的积分来直接使用借款，也可以免押金订购“蚂蚁短租”的民宿。而且，积分高的超级用户，在发生交易纠纷时，可以先退款。这些，都是“诚信”变成“信用”的例子。

相当于，我给支付宝免费做了一个广告。

今天我们写信，是要传达出特殊信息的。

上周我请你们写作业，是以父母禁止你们做的一件事来写一封信，说服他们允许你们做这一件事。这次作业很复杂，对你们要求很高。但我惊讶地发现，同学们都写得非常好。看来，你们对做一件“坏事”的愿望是非常强烈的。另外，有真情实感就能写得更好。

有一位同学写信给妈妈，请求妈妈允许他玩游戏。看完后，我立即找一个游戏玩了起来。他的信写得特别有说服力，说打游戏能预防老年痴呆，能提升青少年 20% 的智商，能有效保护视力，提高团队的协作精神等。

你们写作时会查一些资料，合理运用这些资料，你们的信就体现出了很强的说服力。以这方式向哈佛提交申请，可能他们会立刻给你们 offer。

写吃鸡皮的同学，信也非常精彩。看完以后，我去吃了好几大块鸡皮，在我单位旁边的一家“海南鸡饭店”里点了白斩鸡，鸡皮吃得一点不剩。吃鸡皮是小事情，这位同学举了很多的例子，包括胆固醇含量的指标，说鸡皮的胆固醇含量在鸡各部位中是最低的。数据的说服力是最强的。

一、打消疑虑和数据证明

说服别人首先要打消疑虑。列举了鸡皮胆固醇含量这个数据，你就懂了，吃了鸡皮不会变成胖子，也不会胆固醇超标。打游戏那封信对父母禁止打游戏的理由，也分析得很清楚。父母就是怕你打游戏对视力不好，怕你打游戏太多变成白痴，但数据告诉你不仅不会成为白痴，还能提高智商，这个说服力也是很强的——针对对方的核心疑虑，有针对性地予以解决。

如果现在请你们写一封信给万校长，说你们想在晚上十二点一起坐在操场上看月亮——要说服他同意这种浪漫的事情一般很难——你不能说，我们是狼族，在半夜那一刻要与月亮交换能量，不然第二天就会变回狼形，在学校里引起骚乱。

万校长大概是不太“信邪”的，这样说真的不太可能有效果。

我们不说万校长，我们想想一般来说校长们会喜欢什么呢？考试成绩提高啊。你说，在子时静坐，有助于精神集中，提高注意力，让学习更有效率，等等。不过，这仅仅是一个思路，每一位校长是不同的，就像你们每一位都各有自己的特点。也许某一个校长就喜欢浪漫的事呢？有些语文老师别看总是很严肃，可是在朋友圈里最爱发“来一次说走就走的旅行”，或者“身体和精神，总有一个要在路上”。

一封信，一个讲话，一个表达，写得好都有驱动别人的能力。

二、感性和理性

有一位同学写的信是关于生命的。到了青春期，谈生命、成长、发育，非常深入，极有启发。内容我在这里不讲，看下来非常感动。内心深处真实情感的传递，在情感交流中具有直截了当打动人的能力。

语言本身如果有活性，有生命力传递，这语言就是活的。很多虚情假意的话语，看起来词语美丽花哨，其实并不能打动人。但你一旦传递出一种深刻的生命体验，它是有很大驱动力的。

我上周在杭州的彩荷中学给高一学生讲课。他们将来都是要参加高考的，即便是高考作文，以准确、真实、自然的语言来表达，仍然可以打动阅卷老师，并不是说高考阅卷老师就热爱虚情假意的文章。有一部分语文老师以为是这样，但不完全是这样。

还有一位同学写自杀这个问题。

这是一个超级难题，本以为他已经把题目改掉了，没想到他还是写了一篇杰出的文章。这篇文章谈人类自杀的尊严，以及存在之有意义和无意义。我觉得非常高明，他今后可以去德国海德堡大学读哲学。

人生到底有没有价值？有没有意义？这都是大问题。这位同学一开始就切入这些问题，非常厉害。我们无法证明人生有意义还是无意义，但我们要框定人类生命的一个范畴。思考有意义和无意义的时候，这位同学引用了两个概念：理性和感性。他说，有论述证明，如果人类一开始就是理性的，就不会诞生现有的文明。理性的人在思考时，可能会认为生命是没有意义的。而对于那些理性的人来说，既然生命没有意义，我们就不要传递生命，于是就不会生育，在原始社会就灭亡了。那么，现在在这里上课的，就是一群狼，也有可能是另外一种人类。因此，感性的冲动、不理性的思维，反而可能是人类生命延续下去的驱动力。

我引申一下，如唐代大诗人张若虚《春江花月夜》中写："江畔何人初见月？江月何年初照人？"这是对着万古恒有的月球产生巨大的感慨，其中也有着很深的哲学思考。跟月球相比，人的生命何其短暂。又如苏轼在《前赤壁赋》里来了一个时间相对论："盖将自其变者而观之，则天地曾不能以一瞬；自其不变者而观之，则物与我皆无尽也。"苏轼是强行认为，生命本身就是有意义的，不必长吁短叹。

因此，打消疑虑、数据证明，以及感性与理性，对于一封信来讲都非常重要。

还有一位同学略奇葩，写他自己空调必须要开到 16℃。他证明：一，冷一点人会长得更高。高纬度地区的人都能长得高一点，是因为天气更寒冷。这对我打击很大，因为我出生于纬度低的地方。二，夏天，他常常是在几十只蚊子的叮咬中醒来的，天热了，特别怀念冬天。还可以展开说，只要天一热，蚊子就来咬我，把空调开到 16℃，蚊子就不见了，也不咬人了。这些理由可以充分展开，比如说我对蚊子叮咬过敏，动不动肿起一个大包，而且非常痒，十分影响学习做作业。

大概有七八个同学谈到写作业的问题，包括听音乐，这非常之机智。

父母们确实很忙，也有自己看不到的问题，很多时候只关心孩子作业写完了没有，考试成绩好不好。提出 16℃会使头脑更清醒，特别利于写作业，是点中要穴了。有同学说一听音乐，写作业就会特别快。这些理由都很好，也可以更充分，更完善。

下次如果妈妈再来“找麻烦”，你就可以把同学写的这封信华丽丽地丢给她，再加上些数据，表明听音乐能把作业完成得既快又好，成绩提升更不在话下什么的。听什么音乐也可以讲一讲，表明这些音乐都特别有助于集中注意力，或者消解疲劳、缓和焦虑。

写信的作业暂时就讲到这里。

第二节　影评和书评

只有一位同学写了《南方有嘉木》的书评，其他同学的都是影评。这说明什么呢？读书的同学比较少，看电影的同学比较多。

读书和看电影是两种不同的学习，同学们还是要兼顾一下，读几本好书。

一、内容与评价

两次作业，同学们写信比写影评好。

《蝙蝠侠》影评写得不错。还有一位同学写《深空九号》的影评，我也很喜欢。我自己也喜欢看《星际漫步》系列的电影。

写影评和书评，上次课专门讲了，内容的介绍要简约并且充分。很多同学做到了，也有同学是从百度百科里抄来的。

第一次课上，我就要求你们多谈自己的看法。好坏不要紧，这是一个逐步提高的训练过程。在这十周里，通过不断地进行语言训练、思考训练，你们写作水平的变化是非常大的。有些同学写出了很棒的文章。

内容介绍要做到简约而充分也不容易，涉及概括和归纳能力。但你们要学习概括和归纳。

二、幻想文化和延伸研究

这次的影评涉及的对象，没有一部情感片，也没有一部国产片。你们新一代同学，对于漫威这一类动漫影片有着比较集中的兴奋度和关注度。既然如此，同学们可以做漫威影片的专题研究，包括早期的连环画、美式动漫等。

初中升到高中，同学们中从日漫改到美漫的有不少，很少有反向的。小学到初中，脑袋里都是日漫，到了高中阶段，变成美漫粉的非常多。钢铁侠、蜘蛛侠、变形金刚、金刚狼等都成了流行文化中很重要的符号。从相对功利的角度来讲，要深入了解漫威文化，可以去泡一些国外论坛，读一些同人小说什么的。美国论坛上同人文化出现得比较早，基础也比较扎实，据说有写得很好的漫威同人小说。好的副作用，是能提高你的英文水平。

一代和一代不一样，你们面临的文化背景和未来的发展与上一代不一样。如果同学们喜欢动漫，也不妨做更深入的研究。

三、深阅读与写作

要写好《蝙蝠侠》的影评，不仅仅要看这部电影，还要看相关的一些影片花絮、故事背景、绯闻等，了解这部影片的主创人员，如主要演员、导演、编剧、制片人等。如果还有吸收美学、心理学等方面的知识，你的写作会更有深度，更有内涵。

信息的丰富度很重要。

一篇文章写得是不是扎实，跟你对描写对象的熟悉程度是密切相关的。如果有一位同学特别热爱《蝙蝠侠》，他就要把周边知识尽量全部了解，中文和英文的资料都要尽量读到。

四、《西游记》的改编

我们来谈谈中国古典章回小说名著《西游记》。

在中国传统文学里，《西游记》大概是新一代的同学们更容易接受的一部。《西游记》版本很多，流传最广的是署名“吴承恩”的南京世德堂本《西游记》。如果你深入研究，会发现还有精减版，如朱鼎臣的《唐三藏西游释厄传》、杨致和的《西游记传》，此外还有记叙丘处机经历的《长春真人西游记》，是讲全真教丘处机道人不远万里去西域见到了成吉思汗，跟他谈哲学，谈三教，跟孙悟空的《西游记》没什么关系。看过金庸武侠小说《射雕英雄传》的同学，可能会知道丘处机道长这个人物。

有一种观点，《西游记》的“大闹天宫”部分和“取经”部分是脱节的，因为两部分成型的背景不同，形成的文化也不同。后来，“吴承恩”才把这两部分的传说捏合到一起，成为一个整体。

《西游记》的衍生产品特别多，有影视，有小说改编。我本来是做了 PPT 的，但是因为时间关系就不给你们放了。我找了很多版本，有央视版连续剧，有电影《大话西游》，还有动漫卡通版的，各种不同的造型。我发现日漫喜欢把孙悟空和牛魔王塑造成金刚版，肌肉非常强健。中国式的孙悟空则是像美术片《大闹天宫》里的形象，瘦瘦小小的，却还能拿着棒到处打。这是中国式的意境。不同的文化，对武力、修炼，对佛，对道，都有不同的理解，会导致对人物造型的不同理解。

《大话西游》的改编是跟原著离得非常远的，但我反复看，从二十年前第一次看到现在再看，发现改编跟原著虽然相差很远，但借用经典的改编，指涉了当代人的情感问题，是很有内涵的。

我也找了电影中朱茵扮演的紫霞仙子拿剑架在周星驰扮演的至尊宝脖子上的那张著名照片，还有他们之间的著名对话：

旁白：当时那把剑离我的喉咙只有 0.01 公分（厘米），但是四分之一炷香之后，那把剑的女主人将会彻底地爱上我，因为我决定说一个谎话。虽然本人生平说过无数的谎话，但是这一个我认为是最完美的……

紫霞：你再往前半步我就把你给杀了！

至尊宝：你应该这么做，我也应该死。曾经有一份真诚的爱情放在我面前，我没有珍惜，等我失去的时候才后悔莫及，人世间最痛苦的事莫过于此。你的剑在我的咽喉上割下去吧！不用再犹豫了！如果上天能够给我一个再来一次的机会，我会对那个女孩子说三个字：我爱你。如果非要在这份爱上加上一个期限，我希望是——一万年！

这是一个周星驰的无厘头式的表白，不知道怎么的，渐渐地影响深远。

2015年上演的一部动画片《西游记之大圣归来》中，孙悟空的新造型跟《大闹天宫》时的戏曲化脸谱是不一样的，央视版连续剧《西游记》是沿用了戏曲化脸谱的造型，而《大圣归来》就偏向《大话西游》那种造型风格。今天重新理解齐天大圣、唐三藏这些西游人物时，须结合我们的时代精神来再度阐发。

周星驰作为导演还拍过《西游降魔篇》，是更加“恶搞”的改编，不过角度非常有意思，把唐僧改编为一个“驱魔人”，但是他又毫无法术。而真正的驱魔高手是舒淇扮演的女主角，两者之间，还发生了爱情。黄渤扮演的齐天大圣的设定，以及其他驱魔人的设定，都是很有突破的。

上海特级语文教师余党绪说他有一个学生特别爱读《水浒传》，对《水浒传》了如指掌，写什么文章都能往上套用《水浒传》的内容，高考写出了满分作文。

这个套用最熟悉的名著内容的写作技巧很好，你们可以学习一下。

当你深刻了解一个事情的时候，在表达上，你的资源就特别容易调用。

上次有一位同学写打游戏，说游戏跟人类本能是一致的。假如你对《西游记》特别熟，就可以借用里面的一些元素来谈论打游戏。人类一开始的游戏性，以及游戏跟人类文明发展的互动关系，都可以作为一个资料在文章开头部分引出。

今后你们的学习生涯和工作生涯中，仍然会一直碰到阅读和写作。找一部自己喜欢的作品，不断地读，进行深阅读，达到了如指掌、无所不知的程度，对你今后的人生会有莫大的帮助。

第三节　深阅读初步

我的建议是分为三步：

一、一本书

首先，找到一本自己特别喜欢的书。我把这称为“人生中命中注定的那本书”。

每个人都应该会有一本这样的书，过去有些人是《红楼梦》，有些人是《红与黑》，有些人是《红字》，现在可能有所不同。我教过的一些小学生，有超级喜欢《银河帝国》的，有超级喜欢《三体》的，有超级喜欢《哈利·波特》的，这些都算是“命中注定的书”。如果真是命中注定的那本书，它会影响你一生，给你一生以源源不断的滋养。

三周前，我们一起列举自己喜欢的书以及电影。找到了喜欢的书，你们要好好读这本书，最好能读三四遍以上。超喜爱的好书一定是能读好多遍的。我就看到有些小学生把《哈利·波特》读了十几遍，而且真的读出了自己的深刻体会，找了特殊角度——如斯内普教授——写了很棒的书评，或者选择有趣人物写了同人小说，如拉文克劳的卢娜。要找到这部命中注定的好书，并把与之相关的各种资料都找出来，除了这本书之外，要充分地掌握周边资料。

二、一位作家

一位高中生面临高考了，来问我如何能在短时间内提升作文能力。她的爸爸是某教育局副局长，说孩子百忙之中从学校请假出来，要跟我谈半个小时。我说，谈半个小时，那是太白金星下凡也不行啊。谈话时离她参加高考也就十九天。我跟她说半个小时话，高考作文分数就提上去，那我不是叶大仙了吗？别说叶大仙了，文曲大仙下凡也办不到啊。

怎么办呢？女孩来了，我也很茫然，也不知道半个小时该聊什么。我稍作了解，问她喜欢读什么书，她支支吾吾说不出来，也没有特别喜欢的。我建议她，在这十九天内，希望征得语文老师的同意，就不要再拼命刷题做什么阅读理解了。你要去找到一本自己喜欢的书，不管是《三国演义》《西游记》《水浒传》《红楼梦》还是《红与黑》——高考阅卷老师比较传统比较守旧，阅读量也不大，因此不建议找较生僻的外国名著。在这十九天里，你要把这本书从头到尾看一遍，读两遍最棒。要做到两点：一，掌握这本书的内容和一些有趣的细节；二，了解作家的人生、历史和背景。中国传统对小说家一直不重视，吴承恩、曹雪芹、施耐庵、罗贯中这些名著的作者，都是在五四新文化运动之后，由胡适等在西方留过学的学者考证出来的。而且，至今学术界对这些作者的著作权，也还存在很大的争议。

如果你们有兴趣，推荐读一下胡适先生的《中国章回小说考证》。这本书读完后，你的格局会变得很高。你会知道“四大名著”原来是这么来的。“四大名著”的作者过去不知道都是谁，找到“四大名著”的作者还带有偶然性。这些作者的出现，几乎每一个都跟胡适先生有关。例如，胡适先生在上海地摊上买到一套旧书，发现这竟然是《红楼梦》的真版！简直是如获至宝啊！这个真版，后来他离开大陆时，就转送给了自己留在大陆的弟子周汝昌，成了周汝昌一辈子最重要的学术背景。就是这样一些事情，读得进去的话非常有意思。看完以后，你们会发现，“四大名著”的诞生有一个分析、接受和传播的过程，而且还带着偶然性，并非天然就存在的。

我们找到一本“命中注定的书”，然后，要研究这本书的作者，他创作过的其他作品也尽量找来读，读得越多，越彻底，越深入，就越好。有感而发，可以写读后感，可以写研究文章，进而可以写研究专著。这样，你对这位作家就了如指掌，成了研究他的专家。

三、一个时代

一个时代，就是这位你熟悉的作家所处的时代。知道了这个作家的名字，就可以查他的资料，明白他所处的时代，了解那个时代的政治、文化、历史背景。很多人研究《红楼梦》时，认为曹雪芹不可能是《红楼梦》的作者，因为《红楼梦》的作者生活在乾隆时代，与小说里所表现的那些生活那些时代太远。这个研究方法很有意思。至于你们同不同意，或者其他学者能不能同意，也还是可以继续争论的。学术考证就是这样，只要能说出道理来，合理猜测也是人文社科的学术研究方式之一。

《红楼梦》所反映的内容特别像明朝末年的景象。《红楼梦》的插画也不具有清代的特征，而是明代的装束。《红楼梦》里有很多细微生动的细节，对研究那个时代的生活史具有非常重要的意义。又比如，如果你要研究唐代的生活，就绕不开唐人小说和唐人笔记。尤其是我提到过的唐传奇，其中写到唐朝时的日常生活、穿着饮食以及长途旅行等，其丰富性是当时的诗歌、散文都比不上的。如果你喜欢唐传奇，读完了这些作品，又对唐朝历史有兴趣，再去读《新唐书》《旧唐书》，了解那个时代的各种知识，那么你就会成为这个时代的一个专家。这样，无论你什么时候写文章，肚子里都有大把资料，随时可以引用，而让文章显得丰富多彩，有强烈的说服力。

因此，深阅读的核心就是：一本书、一位作家、一个时代。

之前九次课程里，我们进行了特别集中的阅读和写作训练，对你们形成个人的深化认识和创造性表达都很重要。那本书不一定是“四大名著”，因为现在你们的阅读也已经很广了。记得金典同学特别熟悉加西亚·马尔克斯的《百年孤独》，推荐你深入地研究马尔克斯和他的其他作品，如《迷宫中的将军》《枯枝败叶》《霍乱时期的爱情》《没人给他写信的上校》《巨翅老人》《一桩事先张扬的谋杀案》等。这些作品你要全部都读，你会形成更为生动的认识。接着，你还可以看他的自传、读他的评传、了解他和其他作家的对话和他接受的访谈，以及他所处的二十世纪五六七十年代拉丁美洲的政治环境，这样你就成了马尔克斯的研究专家。你可能在高三就出一本研究马尔克斯的专著。

一个人在很小的时候，就可以成为专家了，不是读了大学、读了博士才能成为专家。

写打游戏文章的那位同学，就是打游戏的专家。他在文章里还举了一个例子，说上周听了一个分享会，学校有一位同学就热爱打游戏，打着打着还进入了世界名校，并且因为热爱打游戏，还把专业改成了编程与设计专业。这个例子举得很棒，对妈妈也很有说服力。

三百六十行，行行出状元，这个说法是很有道理的。

希望你们能寻找到“人生中命中注定的那本书”。

第四节　资料的整合

一、搜索

同学们身处万物互联时代，要有在广阔信息背景下进行资料整合的能力。在信息时代，同学们都特别习惯于在网上搜索——搜索已经成为我们学习中的一个不可或缺的主要部分。

听说有个叫叶开的老师要来给我们讲写作课。他是谁啊？牛不牛呢？是不是一个名不副实的家伙？这种人见得多了。打开百度百科搜索，别说，真有，还有不少信息。百度百科的信息不是完全准确的资料，只是提供一个参考。再去谷歌搜一搜，去维基百科搜一搜。可以从搜索中，顺藤摸瓜找到一些媒体报道或研究文章，看一些关于他的文章，写他的以及他自己写的文章。这样，你对叶开老师的情况就知道得比较清楚了。

身处这个时代，如果一个人还没有留下任何信息，那么不是超级间谍，就是外星人。

二、分析

搜索之后，就是分析。

每一个人所面对的资料都包含“有效信息”和“无效信息”。关于我，或在座听课的几十位老师，搜索到的资料不一定都是可靠的。有可能是他的敌人专门写一篇文章来污蔑他，放在百度搜索头条让你看到。所以，作为学术考证，孤证不能成立，要找到三个不同的例子，才能有效证明你的判断。你要找三个不同侧面的资料，如百度百科的，叶开老师自己写的，别人访问的，这样三个例子。作为一名严肃的学者，你还要找更多的例子来有针对性地进行分析和整合，区分出哪些是有效的，哪些是无效的，哪些是虚假的，哪些是真实的。

三、整合拓展

在海量信息时代，我们搜索、分析、整合、拓展，这些资料是为你所用的。

还以那封写劝妈妈让自己打游戏的信为例。这位同学搜了很多打游戏有益于人类身体健康、有益于智力、有益于进美国名校等的资料，把这些资料整合了、拓展了，并且进行了有说服力的书信的写作，然后给老师和爸爸妈妈看。如果爸爸妈妈看了，会不会被你打动？作为老师，我反正被打动了，看完后我就想打个游戏。

我们今天面临互联网信息爆炸时代，核心学习能力就是搜索、分析、整合、拓展能力。

假设你研究的是比较传统的《红楼梦》，就要搜索到《红楼梦》有十二个版本，庚辰本、程甲本、程乙本、列藏本、郑藏本、戚序本等，各种不同的抄本，各种不同的评论。你要成为一个专家，这些资料都要搜集、分析、整合。围绕《红楼梦》也会出现很多伪资料。有一个人兴高采烈地跟胡适说他找到一个珍本，是从来没有看到过的版本。胡适看了，告诉他是假的，有人伪造的。

其他研究也是一样的，如果资料没有充分掌握，项目报告就做不好。在座有些同学写影评书评时，评价对象的资料掌握得不够。有同学写《奇幻森林》，提到迪士尼拍过《人猿泰山》，如果再引用吉卜林的原著《丛林之书》，并且对它做简要介绍，文章的说服力就更强，这个影评就会写得更有意思。

第五节　善与妙

我想用最后的一点时间谈一点跟写作略微不同，但我认为很重要的认识，这涉及人与人之间价值的认同，以及我们的未来走向等大问题。

世界今天处于价值分裂的时代，极左、极右、极上、极下。每一个人、每一个话题的出现，都可能使整个社会面临更大的话语分裂和价值分裂。

身处这个时代，既是我们的不幸，又是我们的幸运。

你们还很年轻，未来还很远大。作为一个已经年纪很不轻的老师，我来和你们分享一下有关价值认同的问题。

这个问题，我不想给出一个死的答案。让我们一起去追求，去寻找。

有一点很重要，善。

善结人缘。

我们的文化处在一个“恶叙事”和“丑审美”的时代，这点非常糟糕，比早上没有豆浆喝，没有肉包子吃还糟糕。一种良善的文化，一定是“善叙事”的，人类文明只有在“善叙事”中，才会存活下来。

在这个时代，我们要以善推人，不要以恶推人。不要说到某一个人、看到某一件事情，立刻就恶意地揣测他，这会使你的能量消耗特别大。每个人的能量都是守恒的，你的能量如果消耗得特别大的话，你的人生就会过得很苦、很憔悴、很无趣，就会早衰。

以善推人，自然而然，你才会生活得更加充分，更加滋润，更加妙趣。

前一段时间，我在黄永玉先生的长篇小说《无愁河的浪荡汉子·八年》的研讨会上做过一个演讲，就是关于“妙”的解释，从这个“妙”字开始切入，分析黄永玉先生作品中的“妙”字运用。他写一个女人长得妙,真是一字运用中各种滋味纷呈。我的演讲叫《妙人妙趣妙世界》。

善与妙是很好的对应,会让这个世界充满着好奇心,有好感、好意,对父母、对老师、对同学，对人生、对世界，都是如此的“善与妙”。

人生中，有一些基本的核心价值应该维持好和保护好。这将成为我们写作、表达，走向人生，走向未来的核心驱动力。

今天我谈写作，要求大家拓展自己的视野，不仅仅着眼于写作本身，而是进行一种个人修炼。修炼之后，吐珠、结网，成为你人生中完美的、绚烂的表达。就像蝴蝶的蛹在树枝上倒挂着，修炼了一整个冬天，最后破茧而出，化而为蝶；又像花蕾在冬天沉默了很久，到了春天慢慢张开，散发出大能量，渲染成了整个春天。

释放善能量，会使你成为妙人、趣人。

我在黄永玉先生的作品研讨会上说了 10 分 31 秒，关于善，关于“妙人妙趣妙世界”，整理成文字，是两千五百字的一篇文章。黄永玉先生之所以在九十岁之后，还能如此持之以恒地写作，是因为他用善来推演这个世界，以妙的角度来看待世界，以趣来圆融这个世界。他在八十八岁的时候，还一高兴就在草地上给大家表演打滚。他说，我给大家打个滚儿看看。当时我们这些年轻太多的人都吓坏了：如果把脖子弄坏了怎么办？他不是简单地侧滚，而是前滚翻后滚翻。这个动作，在座十几岁的同学都不一定能做得到。他一翻，我们的心都揪起来了。他就是这样一个很好玩的老头。

第六节　一个游戏

课堂最后，我来跟大家分享我最近在玩的一个游戏，一个赚钱的问答游戏。

我有个朋友的公司发明了一个游戏，叫作“分答”。有人问你一个问题，你用一分钟来回答它，然后就可以拿到一定的报酬。你可以自己定价，例如回答一个问题 18 元，有人付 18 元请教你一个问题。答完之后，如果有人对这个问题感兴趣，他可以“偷听”——“偷听”要付 1 元。呵呵，很有意思。这 1 元，公司收 5 角，你拿 5 角。如果有一百万人“偷听”，你就可以拿 50 万。

但是，什么问题可以引起一百万人“偷听”呢？我暂时还想不出这样的好问题，不然我就发财了。

我还没红到那个程度，我只赚到一千多元。有一个网红赚了一万八千多元。一个问题有趣很重要，答得巧也很重要。你们不妨想一下，如何在一分钟之内有效地回答一个问题。

现在我给你们每一个人发一个红包，你们准备好了没有？

你们觉得自己回答一分钟值多少钱？自己定个价，别客气。

大家说的标准各不相同，有的太便宜，有的太贵。我平衡一下，我问一个问题，每个回答的同学，我都支付给你们 5 元，以发红包的方式。

今天没有作业，没有阴谋。

唯一的作业，就是一分钟口头作文训练。

怎么回答都行，这是为了锻炼你们的口头表达能力。大家可以放开，我不会给你们打分，只会给你们发红包。这么有趣的锻炼，你们如果不想做，那么反过来请给我一百次机会，我回答一次100元，谢谢！

收不到就找陈老师要，我会把红包转给他。

我来问你们一个问题。

这里有很多听课的老师，万校长也在。你们不要紧张，万校长是一个很宽厚的人。他人很好，学识很广博，很机智也很睿智。

我的问题很简单：你来“平和”快乐吗？

学生1：我很快乐。

叶开：这个回答太迅捷了！这就能拿5元啊。好的，5元我发给你。但我觉得你要加上一点拓展表达。就这四个字大概没人“偷听”吧，没有人“偷听”转发，你就赚不到更多钱了。

学生1补充：因为可以住宿。因为一个人的味道闻惯了，想闻闻其他人的味道。

叶开：这个回答很好，值5元。

学生2：很久以前，当我还在初中的时候就常与其他同学约至教室门外，以嘴炮的形式决斗。我在初中征战了三年，打遍全班无敌手，也有几个纠缠不清的值得我尊敬的对手，但我和他们之间的战斗因为我来到“平和”而终结。如今来到了“平和”，我内心充满了激动，在这里我可以与更多的人以嘴炮的形式一决胜负。

叶开：非常好，鼓掌。

学生3：我觉得内心的潜意识不是很明朗。内心是需要时间来发现的。

叶开：就是说你不知道快乐不快乐，也不知道自己的内心是怎么一回事。我有一个小小的建议，你也可以像金典同学那样表达。你可以说，我不知道自己喜不喜欢这个学校，因为我还很小很迷茫。我对人生、对未来、对这个学校还不够了解，还有待于更深地思考。

学生 4：一边在快乐，一边也在不快乐。不快乐是因为学霸太多了，很容易被遗忘。快乐是因为我可以学到一些东西，提高自己应该提高的能力。这是一件比较复杂的事情，你要说快乐和不快乐哪个更多一点，我也说不清楚。

叶开：这也好，不一定都得是快乐。

学生 5：我觉得我是快乐的。快乐的事情太多了。在以前的学校，估计就上不到叶开老师的课了。从这一点来看，就是有意义的。我觉得已经超越了快乐的层面。

叶开：鼓掌！这马屁拍得到位，今晚让我回家嗨一下。

学生 6：快乐。因为认识了很多勤奋踏实的人。

叶开：有没有结交到新死党？结交到了？很好，祝贺。

学生 7：还行啦，还算快乐。这里有很多大家都懂的梗，以前学校有太多梗没人懂。

学生 8：很快乐，作业比以前少了很多。

学生 9：很喜欢“平和”，“平和”给同学们提供了象牙塔一样的环境，至少我是这样认为的。像校园暴力、唠唠叨叨的班主任给人造成心理阴影的事情，基本没有发生。

叶开：喜欢一个人就要大胆地说出来。万校长，这位同学对“平和”的评价很高啊。她有知性的感觉，今后肯定很热爱读书。

同学 10：开心、快乐。住校比较快乐，住宿爬上爬下很开心。

同学 11：很开心，因为学姐们、老师们都很好。

叶开：这样的学校的确很棒。我提起过以前自己读书时的学校，基本都是“杀人放火”“月黑风高”的概念。上铺是活不下来的，所以我们基本都是在房顶上生活的。所以我很希望当老师。

同学 12：很喜欢这里，原来的学校特别小，操场也没有，会所也没有。

叶开：你初中是上外附中的，很有名的学校啊。

同学 13：超快乐。一个是因为“平和”可以满足我的胃，以前学校的伙食实在是难以下咽。第二个是“平和”课程设置特别好，特别有趣。考试相对比较少。

叶开：你说得很充分：吃得好，睡得好，学得好。

同学 14：以前的学校也不错，吃得也很好。不过这里爸爸妈妈管不着。

叶开：你们这些学生别太得意，未成年不能完全地放任自由。

同学 15：“平和”很好，是我自己不好。我的性格不太能和别人融洽相处。

叶开：人和整个世界是有边界的，是有接触面的。你有强大的内心，不需要跟很多人去交流，这个并没有什么问题。你们看《生活大爆炸》的谢耳朵，比你内向多了，但不妨碍他有跟他一起搞怪的好朋友。保持一定的距离，同学们也可以跟你很好地相处。人类一个非常有趣的方面是，我们能容忍不同个性的人一起生存。“平和”可以提供一个可能性的平台，让差异很大的同学在一起，既能求同，又能存异。关于这个问题，我们以后可以多交流。

同学 16：这边有巨大的球场，球网的材质不同，进球的声音不太一样，感觉很爽。

叶开：这位同学表达得也非常好，非常专业，球网的材质都听出来了，很厉害。

同学 17：因为遇到了一群志同道合的朋友。

叶开：今天内部资料，概不外泄。

同学 18：伙食很好，但是没有小卖部。以前没有寄宿，第一次尝试住宿感觉非常好。同学很好，遇到了一位比妈妈还妈妈的同学。

同学 19：挺开心的，吃得特别好。本来在老食堂觉得没有那么好。这边的伙食费比原来学校贵了好多，现在到了新食堂真心觉得很好。还有，我还认识了一个小孩。课程什么的都开得挺好。还有老师都非常厉害。

叶开：两位已经结成死党了。非常好！

听了这么多，回到了这句“善结人缘”。

人与人之间的关系，古人简单地总结为缘分，是各种奇妙的巧合。西方人有一个更加夸张的说法，说经过一百三十七亿年我才来到世上。这个说法很夸张，但很奇妙，有意思。这个说法认为，人类每一个生命都是独一无二的。不管是内向的外向的、高的矮的、胖的瘦的、白的黑的，每个人都有自己独特的人性、价值，都值得尊重。不管是互为“母子”，还是互为死党，都非常有价值。这恰恰是我们今后在人生中，不管做什么样的事情，都需要紧紧记住的一点。

我们要不断地发掘自我潜能，上天和父母给予我们生命，我们要把它活满活通活滋润。这才是今后谈论写作的自我激发潜能的一个最大的拓展。

最后留几分钟给大家。还有什么不可告人，或者可以告人的话，都可以跟我说。

同学 1：老师，幻想小说怎么写？

叶开：幻想小说，你自己就是专业人士啊，你写得非常棒。这个问题说起来很复杂，我们保持联系，继续交流。

同学 2：老师，对于以后注定要搞理科、走科研道路的人，写作有什么用途？

叶开：这个问题问得特别好。几乎每一个理工类的同学，包括我们的老师，都会问到这个问题。2012 年诺贝尔文学奖获得者莫言谈到过一句话：文学正因为其无用，才是最大的用处。在一个功利社会，人们可能太强调“用”了，而未能体会到“无用”之妙。

老子说：“有之以为利，无之以为用。”他举了个例子：“埏埴以为器，当其无，有器之用。”杯子如果是完整的，中间没有那个空，就是无用的。“当其无”，是说挖出一个空来，就有用了。“有之以为利，无之以为用。”这里的“利”，就是指有这个“空”所凭据的实体部分——可以开窑洞、做杯子、造汽车，各种不同的用处。

文学，包括人文科学，到底对于自然科学有没有直接的促进作用，这是个非常大的问题。不过，早期欧洲大学里，并没有“科学”这个学科，只有“自然哲学”这个学科。而自然哲学，竟然是教文学的。

不过，爱写作的科学家很多。我读过一套世界上著名科学家写的科幻小说，非常精彩。美国著名天文学家卡尔·萨根创作的长篇科幻小说《接触》，就是令人印象非常深刻的杰作。美国大数学家弗诺·文奇干脆辞职，专门写科幻小说，他的《银河三部曲》（《天渊》《天空的孩子》《深渊上的火》）横扫全球各科幻大奖，想象力极其庞大，而且思维缜密，推演细致。上周我碰到了天文物理学家李淼教授，现在是中山大学天文与空间科学研究院院长，他现在就写各种文章，还写诗，已经出版了三本书，其一是《越弱越暗越美丽》，写宇宙黑洞什么的。他还写了一本《〈三体〉中的物理学》，和著名科幻小说家刘慈欣是死党。一个专业物理学家写这个东西就很有意思了。

科学家可以不写作，但是写作的科学家更有意思。

我们的万校长是数学系毕业的，但是他出版了好几本畅销书。因为他，我发明了一句话“不爱写作的数学老师不是好校长”。

数学老师可以不写作，但是爱写作的数学老师可能会更有效地提升自己，让自己进入到一个更高的层面。任何一个行业的任何一个有成就的人，他们都是通过写作来进行自我升级的。写作不仅仅是写虚构作品，不仅仅是创作长篇小说。系统的写作习惯会让每一个人在自己的工作中、生活中，不断累积各种经验，并且通过写作来融会贯通，让自己成为更好的自己。

不论你们将来从事什么行业，一个善于自我激发、自我充沛，有良好口头表达能力和书面表达能力的人，都会具有更强的亲和性和渗透性，可能会比自己的同龄人更快地取得更好的成绩。

谢谢大家，与你们相处的十周，是果实累累的十周，我会想你们的，希望你们今后偶尔也会想起我。

再见！

作业：

请阅读以下这篇文言文《城沦为湖》，以其中的核心内容为题材，将之改编成一篇“玄幻小说”：

由拳县，秦时长水县也。始皇时童谣曰：“城门有血，城当陷没为湖。”有妪闻之，朝朝往窥。门将欲缚之。妪言其故。后门将以犬血涂门，妪见血，便走去。忽有大水，欲没县。主簿令干入白令，令曰：“何忽作鱼？”干曰：“明府亦作鱼。”遂沦为湖。（选自《搜神记》十三卷）

要点：请给自己的小说起一个好名字，给你的人物起一个好名字，人物关系要清晰。这篇短文的末尾对白特别魔性，可以有充分的发挥空间。

字数：2500 字。

2017 年 10 月 30 日修改
2017 年 12 月 18 日定稿

后　记

这本书的出版，我要感谢很多的亲友。

首先感谢上海平和双语学校和万玮校长。因为万玮校长的邀请，我有机会给十九名初三学生讲写作课，而形成了这本书的最早材料。承蒙学校的好意，把一间崭新的多媒体教室拨出来给我们使用。听课的人中，除了学生外，还有学校各年级的语文老师，来自外校的听课老师，以及数位媒体记者。另外，还有专业摄像师，以两个机位把每一节课都仔细地录了下来。

我一直想出版一本写作课教材，但之前也一直缺乏“催化媒”。我深入地思考过，面向基础语文教育的写作课教材，要具有实战性，学生们直接听到直接反馈，而老师们拿来就能借鉴并使用。不能躲在书斋里空泛地杜撰写作课教材，更不能故作高深到处乱扔概念和名词。

写作课是一门具体的课程，可以类比木工，具有很强的动手性、手工性，还要有密切的互动，交流探讨。这才是真正理想的写作课形态。在这种密切互动中，学生们可以感受词语的变化，判断表达的优劣，并在实际的阅读和分析中，形成自己的观点。同时，我们一起“生成课程”。

十堂课，十周时间，一转眼就过去了。

感谢陈放今老师做助教，替我联系学生，收发作业等，减轻了我的很多负担。陈老师还在我上完第一堂课之后，给我及时提出了很有价值的意见，使我可以在随后的课程中得以调整提升。

感谢听课的十九位聪明可爱睿智的学生，他们中有很多特别厉害的小天才，在课堂中帮助我，大家一起营造了良好的互动气氛。

感谢杨晓梅女士热心而专业地整理了这十堂课，形成了一部非常完整的书稿。杨晓梅女士是一位跟我学习写作的小学生张易橦的妈妈，她在整理书稿过程中，细心地校对出了好多问题，包括口误、记忆错误和引用错误，让我在二度、三度修改书稿时大大地省时省力。

感谢广西师范大学出版社上海公司刘广汉总编。2016 年夏天，他率领公司的数位美女编辑，三次约茶吃饭，与我敲定了几本书的一揽子出版计划，其中包括了这本很多出版社都兴致勃勃的《写作课》。广汉兄是专业出版名家，我们还是读研究生时期的好友。另外，广西师范大学出版社在全国建立了卓越的声誉和口碑，我很荣幸有机会与他们合作。

感谢广西师范大学出版社上海公司尹晓冬副总编，我们喝啤酒很愉快，同时她也不忘一直催我交稿，以至于我十分地惶恐，最终交稿，感到了一阵如释重负。

感谢我的太太王琦博士，单纯地说出，尽在不言中。

感谢我女儿廖小乔，这本书是献给她和太太的，本书中的很多奇思妙想都来自廖小乔。

最后感谢各位读者朋友，希望你们多反馈意见，多交流。

2017 年 12 月 19 日

学习延伸

同学们，恭喜你们学完本书的十节课，这是一个非常了不起的进步！

然而，学完本书并不意味着写作课程已经结束，这才刚刚开始呢。

叶开老师在本书中多次强调，写作不是空对空，不是胡编乱造，而是基于我们的个人经验。他把个人经验分为两种：一种是直接经验，即我们在日常生活里直接参与或接触到的经历；另一种是间接经验，即通过阅读等方式去接触我们想要了解的信息，建构我们对这个世界的认识。他也在本书中不止一次地强调阅读的重要性，阅读让我们获得经验、构成我们知识体系最重要的部分，甚至比直接的个人经验还要重要。

因此，我们把本书中涉及的书籍、诗词、文章、影视剧都一一罗列出来，供大家阅读参考之用。接下来，我们要做的事，不仅仅是"写"，还要大量地"阅读"，如此才能让自己的肚里有货，不断地写出越来越好的文章！

书籍：

雷·库什维尔：《奇点临近》

艾萨克·阿西莫夫：《银河帝国》系列

阿瑟·克拉克：《与拉玛相会》四部曲

《论语》

安东尼·布朗：《我爸爸》《我妈妈》

尤瓦尔·赫拉利：《未来简史》

查尔斯·罗伯特·达尔文：《物种起源》

让-亨利·卡西米尔·法布尔：《昆虫记》

列夫·托尔斯泰：《复活》《童年·少年·青年》《安娜·卡列尼娜》

克里斯托弗·奈特、阿兰·巴特勒：《谁建造了月球》

马塞尔·普鲁斯特：《追忆似水年华》

吴承恩：《西游记》

柯南·道尔：《福尔摩斯探案集》

金庸：《射雕英雄传》《神雕侠侣》《笑傲江湖》《天龙八部》《倚天屠龙记》

田中芳树：《银河英雄传说》

老子：《老子》

曹雪芹：《红楼梦》

荻岸山人：《平山冷燕》

名教中人：《好逑传》

陈寅恪：《元白诗笺证稿》

罗贯中：《三国演义》

J.K. 罗琳：《哈利·波特》系列

黄易：《寻秦记》

伊塔洛·卡尔维诺：《意大利童话》《寒冬夜行人》《树上的男爵》

加西亚·马尔克斯：《百年孤独》《迷宫中的将军》《枯枝败叶》《霍乱时期的爱情》《没人给他写信的上校》《巨翅老人》《一桩事先张扬的谋杀案》

S.A. 阿列克谢耶维奇：《锌皮娃娃兵》《我是女兵，也是女人》

彼得·海斯勒：《江城》《寻路中国》

弗朗茨·卡夫卡：《变形记》

奥维德：《变形记》

干宝：《搜神记》

《唐传奇》

蒲松龄：《聊斋志异》

袁枚：《子不语》

川端康成：《雪国》

米洛拉德·帕维奇：《哈扎尔辞典》

豪尔赫·路易斯·博尔赫斯：《恶棍列传》

赫尔曼·麦尔维尔：《白鲸》

弗朗西斯·斯科特·基·菲茨杰拉德：《了不起的盖茨比》《本杰明·巴顿奇事》

杰罗姆·大卫·塞林格：《麦田里的守望者》

玛格丽特·杜拉斯：《情人》

《圣经》

阿尔贝·加缪：《局外人》

约瑟夫·海勒：《第二十二条军规》

詹姆斯·乔伊斯：《尤利西斯》

约翰·厄普代克：《马人》

欧内斯特·米勒·海明威：《老人与海》

杰弗里·尤金尼德斯：《中性》

石黑一雄：《长日留痕》

萧红：《小城三月》《后花园》

路遥：《平凡的世界》《人生》

奥诺雷·德·巴尔扎克：《高老头》

《诗经》

施耐庵：《水浒传》

柄谷行人：《日本现代文学的起源》

阿道夫·希特勒：《我的奋斗》

威廉·莎士比亚：《皆大欢喜》

胡适：《四十自述》《中国章回小说考证》

刘易斯·卡罗尔：《爱丽丝漫游奇境记》

华莱士·史蒂文斯：《诗集》

莫言：《生死疲劳》

荷马：《荷马史诗》（《奥德赛》和《伊利亚特》的统称）

德鲁·卡宾森：《质量效应：天启》

费尔迪南·德·索绪尔：《普通语言学教程》

陶潜：《搜神后记》

刘义庆：《世说新语》

纳撒尼尔·霍桑：《红字》

居斯塔夫·福楼拜：《包法利夫人》

丹·西蒙斯：《海伯利安四部曲》

李渔：《笠翁对韵》

王国维：《人间词话》

司马迁：《史记》

欧内斯特·汤普森·西顿：《狼王洛波》

杰克·伦敦：《荒野的呼唤》

刘慈欣：《三体》

余华：《第七天》

王旭烽：《茶人三部曲》

《易经》

约瑟夫·鲁德亚德·吉卜林：《丛林之书》

屈原：《离骚》

余秀华：《摇摇晃晃的人间》

朱鼎臣：《唐三藏西游释厄传》

杨致和：《西游记传》

丘处机：《长春真人西游记》

司汤达：《红与黑》

欧阳修、宋祁等：《新唐书》

刘昫等：《旧唐书》

黄永玉：《无愁河的浪荡汉子·八年》

卡尔·萨根：《接触》

弗诺·文奇：《银河三部曲》

李淼：《越弱越暗越美丽》《〈三体〉中的物理学》

文章：

伊塔洛·卡尔维诺：《未来千年文学备忘录》

列御寇：《愚公移山》（选自《列子·汤问》）

裴铏：《昆仑奴》

庄子：《庄子·让王篇》

王小波：《立新街甲一号与昆仑奴》

《世界名著的100个开头》

牛僧孺：《来君绰》（选自《玄怪录》）

朱自清：《春》

周敦颐：《爱莲说》

苏轼：《前赤壁赋》

鲁迅：《藤野先生》

《论语·学而篇》

司马迁：《信陵君窃符救赵》（选自《史记·魏公子列传》）《史记·游侠列传》

林觉民：《与妻书》

干宝：《城沦为湖》（选自《搜神记》）

诗词：

王艮：《乐学歌》

北岛：《网》

海子：《面朝大海，春暖花开》

乌青：《天上的白云真白啊》

崔护：《题都城南庄》

辛弃疾：《丑奴儿·书博山道中壁》

《采薇》（选自《诗经》）

秦观：《八六子·倚危亭》

温庭筠：《更漏子·玉炉香》

曹雪芹：《好了歌》（选自《红楼梦》）

杨慎：《临江仙·滚滚长江东逝水》

苏轼：《念奴娇·赤壁怀古》

王维：《田园乐》

张枣：《镜中》《深秋的故事》

赵丽华：《一个人来到田纳西》

华莱士·史蒂文斯：《罐子轶事》

林徽因：《你是人间的四月天》

莱内·马利亚·里尔克：《秋日》

宋琳：《秋天的散步》

李白：《忆秦娥·箫声咽》《侠客行》

郭茂倩：《木兰诗》

余秀华：《一匹溺水的狼》《我身体里也有一列火车》

T.S. 艾略特：《荒原》

张若虚：《春江花月夜》

影视：

《忍者神龟》

《神奇动物在哪里》

《阿凡达》

《太平轮》

《疯狂动物城》

《神探夏洛克》（电视剧）

《神探夏洛克：可恶的新娘》（电影）

《捉妖记》

《西游记之大圣归来》

《大话西游》

《西游降魔篇》

《西游伏妖篇》

《悟空传》

《大侦探福尔摩斯》

《霍比特人》

《女医明妃传》

《大长今》

《我的野蛮女友》

《游戏人生》

《王牌特工》

《神秘博士》

《权力的游戏》

《纸牌屋》

《疑犯追踪》

《反恐 24 小时》

《变形金刚》

《驯龙记》

《生死时速》

《碟中谍 2》

《碟中谍 5》

《007》

《红猪》

《千与千寻》

《返老还童》

《功夫熊猫》

《百变狸猫》

《蝙蝠侠》

《白夜行》

《蝙蝠侠大战超人》

《金刚狼》

《唐人街探案》

《蜘蛛侠》

《恭喜发财》

《七宗罪》

《十面埋伏》

《深空九号》

《功夫》

《奇幻森林》

《分歧者》

《九层妖塔》

《星球大战》

《谍影重重》

《人猿泰山》

《终结者》

《星际漫步》

《大闹天宫》

《生活大爆炸》

图书在版编目(CIP)数据

写作课/叶开著.—桂林:广西师范大学出版社,2018.8
ISBN 978-7-5598-0995-7

Ⅰ.①写… Ⅱ.①叶… Ⅲ.①作文课-中学-教学参考资料 Ⅳ.①G634.343

中国版本图书馆 CIP 数据核字(2018)第 140337 号

出 品 人:刘广汉
策划编辑:郭 桴
责任编辑:刘孝霞
助理编辑:宋书晔
装帧设计:李婷婷

广西师范大学出版社出版发行
(广西桂林市五里店路 9 号 邮政编码:541004
网址:http://www.bbtpress.com)
出版人:张艺兵
全国新华书店经销
销售热线:021-65200318 021-31260822-898
山东鸿君杰文化发展有限公司印刷
(山东省淄博市桓台县寿济路 13188 号 邮政编码:256401)
开本:890mm×1 240mm 1/32
印张:10 字数:240 千字
2018 年 8 月第 1 版 2018 年 8 月第 1 次印刷
定价:46.00 元